U0013730

歐洲演講比賽冠軍的

德國式邏輯陳述法

使你的發言溫暖、有說服力又受歡迎

Wladislaw Jachtchenko
賈誠柯——著
廖芳婕——譯

Weiße Rhetorik
Überzeugen statt manipulieren

目錄

前言

潔白說話術 vs. 暗黑說話術

即使心中黑暗籠罩，一個好人也仍然明瞭，什麼才是坦坦的正道。

——歌德，《浮士德》

想要說服他人，途徑有二。第一，光明磊落，坦白誠實，真心去理解對方，向他提出合理論點，並在談話過程中共同尋找最佳解方。我稱此為潔白說話術。

然而「說話術」這東西，也有黑暗面：如果想不計任何代價達到目的，於是採用似是而非的論點，設下語言圈套，施行心理手段，那就是——有時是有意的，通常是無意的——採取了操控途徑。我稱其為暗黑說話術。

為什麼人幾乎每天都使用卑鄙的操控技巧，而不肯透過理性去使人信服呢？最重要的原因是，操控比較快。操控能讓你更快達到目的：用權勢施壓，用片面事實來敷衍對方，或用溢美之言迷惑對方，這些不消幾分鐘就能做到。

相較之下，有同理心地傾聽，努力思索出聰明的論點，接著提出合理的論點，這個過程就麻煩許多。若想要用這種方法成功說服某人，可能需要花上數小時、數天、數月，或甚至數年的時間。

以理服人，雖然比較高尚，卻也比較困難坎坷。近代認知心理學研究也說明了這一點。諾貝爾經濟學獎得主丹尼爾・康納曼（Daniel Kahnemann）將人的思考方式分為兩種[1]：慢想系統需要高層級認知能力與專注力，潔白說話術屬於此類。而快思系統則是自動化運作，迅速且毫不費力，暗黑說話術即屬於此類。

由於人類的大腦大多數時間都處於省電模式，我們在日常生活中也多半未經思考就迅速做出決定，因此暗黑說話術及其技巧，對於那些在對話時不專心、不謹慎的人來說，就是一項持續存在的危險。如果你有興趣研究那種憑藉直覺、快速操控的暗黑說話術，推薦你閱讀我針對此主題撰寫的實用工具書籍《操控與反操控》。

當然，我也知道大多數人都強烈希望能夠誠實、正直地溝通，真誠地提出更好的論點，也都對不光彩的手段抱持強烈反感。正因如此，本書的中心主旨就是：用說理取代操控！

我舉辦了無數次的溝通訓練，所以我知道很多人希望能有適合日常生活使用的工具，讓他們能以更好的方式提出論點、進行傾聽和有效提問。因此，這本書的內容不是巧言令色的操控術，而是公正誠實的論證技巧，幫助你說服別人接受你的見解，取得長遠成效。

導論

為什麼說服別人這麼困難？

世界上有三種人：先知先覺者，後知後覺者，不知不覺者。

——達文西

說服不是偶然發生，而是一門必須去學習而得的技藝。古希臘智辯家歐提勒士（Euathlos）也這麼認為。他去拜了希臘最傑出的修辭學家、著名的普羅達哥拉斯（Protagoras）為師。師徒說好：有部份學費等歐提勒士贏得第一場官司之後再付即可。

教學結束之後。這位聰明的學生決定不打任何官司，因此他並未贏得半場官司，也沒付給老師學費尾款。

偉大的普羅達哥拉斯對此非常氣憤，他告了這位學生，並在開庭時說：「他無論如何都要付我學費！如果他贏了這場官司，那按照我們的約定，他得付；如果輸了，那按照法庭的判決，他也得付。」

聰明的學生反駁：「我無論如何都不用付學費！因為如果我輸了這場官司，表示他教得很爛，按照我們的約定，我不用付；如果贏了，那按照法庭的判決，我也是不用付。」

這兩個人到底誰對誰錯呢？從這個源自古希臘時期的經典悖論可以看出，要說服別人有多困難——尤其當雙方都認為自己百分之百有理的時候。

事實是：每個人都想說服別人，但並不是每個人都想要被他人說服。此時不妨將人分成三類，這樣比較好決定是否要對他進行說服。

第一類人把每場對話都視為競技，重點在於達到他自身目的。對於這種人，就算我們向他們提出了世界上最好的論點，他們也不想、或沒有能力理解我們的想法。想要理性地說服這些人，只是白費力氣而已。面對這類人，唯有暗地裡使用操控技巧才有希望成功。

第二類人根本就不需要我們說服，因為他們已經跟我們擁有相同的基本價值與信念。

而第三類人的價值觀雖然與我們不同，但若提出好的論點，他們還是會接受。面對這些人，就值得藉助說服技巧來進行說服。不過，什麼是最好的說服方式呢？

一位有說服力的溝通者同時擁有三種核心能力，這三種能力是潔白說話術的三大支柱，可惜學校從來沒有有系統地教過：

1. **論證能力**，也就是理性、有邏輯地建構自身想法，以及提出合理論點的能力；
2. **傾聽能力**，也就是在對話過程中，仔細理解對方想法和感受的能力；
3. **提問能力**，也就是在正確情況下提出正確問題的能力。

如果少了這三種根本的溝通能力，是否能說服別人，就只能靠緣分了。本書的目的就在於將這三種能力有系統地傳授給你，並以實務為導向，讓你不管在職場或私人生活中都能提升說服力。無論是創新的論證模型、新穎的傾聽概念還是最高明的提問技巧，都在書裡等著你。

接下來，我們馬上就從適用於日常生活的十大技巧開始。你會學到，為什麼好的論點比較性感、為什麼該隨著對話夥伴的人格特質調整你的論點、傾聽的十個階段是什麼；還有，如何透過聰明的問題引導對話，如何告知訊息，如何讓對方注意到某事。接著我們會深入探討潔白說話術三大支柱的內容，讓你能夠完全擺脫操控，光憑藉著言語的力量去影響他人，取得長遠成效。

你不一定要按照篇章順序閱讀本書。如果你想，現在就可以跳到最感興趣的章節。開場白到此結束。我們開始吧！

第一篇
適用於日常生活的十大說服技巧

適用於日常生活的十大說服技巧

偏見比原子更難攻克。

——愛因斯坦

說服是一項能習得的技藝。然而從每天的對話中你會發現，這項技藝一點都不容易。人會有偏見，會對異議反應激烈，而且經常沒有意願也沒有時間接受我們的論點。

潔白說話術的三大支柱能幫助你在日常生活中有效地說服別人。更好的論證能力（支柱一）、傾聽能力（支柱二）和提問能力（支柱三）——這些能力就像一輛威力強大的三頭馬車帶領著你前進，讓你能用誠實透明的方式，說服別人。

這裡整理出的十大技巧，目的是讓你迅速認識最重要的幾項說服工具，到了後面的三大支柱章節，我們會再深入探討。

十大技巧

1. 有論點，就是比較性感
2. 用同理心進行論證：四色模型
3. 十大理由類型
4. 真誠地傾聽，別心急總想自己發言
5. 更聰明的提問——得到更多資訊
6. 堅定對事，柔和對人
7. 重質不重量——先端出最好的
8. 說服過程中的干擾因素
9. 說服過程中的十大禁忌
10. 說理與操控的界線

首先：幾千年來，最重要的理性說服方式就是論證。但一個好論點是由什麼組成？有哪些元素？接下來我想介紹一個論證模型，你看過以後絕對不會忘記。

1 有論點，就是比較性感

一個人知道自己為什麼而活，就可以忍受任何一種生活。[2]

——尼采

讀完本章，你將會知道為什麼你不該結婚！

好奇嗎？那就來聽聽我的論點吧，會比你想像的更性感！

潔白說話術最重要的說服工具就是「論點」。我們提出合理的理由，向對話夥伴說明為什麼我們的主張正確而且重要。

每次我在我的課程上詢問學員：一個好論點要包含哪些要素，通常所有人都會先聳聳肩，接著會有兩、三個勇敢的人打破沈默，說出「事實」、「理由」、「例子」、「說明」、「比喻」、「言語意像」、「同理心」等概念，但沒人百分之百確定論點到底是什麼。

想想，我們一直使用這個詞彙，卻不知道它真正的意思，真是令人驚訝。

如果課程裡都是年輕學員，情況會稍有不同：聽到論點包含哪些要素這個問題之後，年輕人會迅速舉起手說：「高中德文課有學過那個3B模式對吧？」的確，這可能是德國最廣為人知、但最晚在畢業後就會忘記或不再想起的論點模型。

那什麼是3B模式呢？第一個B代表主張（Behauptung），第二個B代表理由（Begründung），第三個B則代表實例（Beispiel）。一個有說服力的論點應該具備的重要元素，這個模式都涵蓋到了，其實相當不錯。所以囉，教授3B模式的德文老師們，恭喜你們！畢竟學校裡教的東西，很少是有用的。「學習不是為了生活，而是為了學校」——古羅馬哲學家塞內卡（Seneca）也這麼抱怨。而3B模式是個美好的例外。

不過3B模式還是有缺陷：它缺少了好論點的另外三個重要元素，因為真正的好論點比較性感——我指的不只是，在這個智性戀比例愈來愈高的世界，說話時能提出好論點的人，會顯得更有吸引力。

用性感這個詞，也比較好記憶。比較性感（SEXIER）一詞的六個字母代表論點的六個組成成分——而根據經驗，我知道這個特別的縮寫真的每個人都記得住。

那麼這六個字母分別代表什麼呢？[3]

主張	S	Statement
理由	E	Explanation
實例	X	Example
關聯性	I	Impact
關聯性的理由	E	Explanation of Impact
反駁異議	R	Rebuttal

接下來我會簡單介紹一下SEXIER模型的六個元素，並使用「人不應該結婚」這個主張來做說明。我承認，這個主張很聳動，但用聳動的主張來學習論證會最有樂趣，本書裡也還會有其他聳動的主張。接下來，就讓我們展開論證的第一階段

吧——主張。

Statement（主張）

我們想說服人的時候，首先會需要一個起始點和目標，目標就是你想為其擔保、並用論點為其辯護的東西。這個論證的第一階段，可以稱之為「主張」，不過「立場」、「見解」、「意見」、「陳述」、「命題」或「觀點」也都可以，從論證理論的角度來看，這些都是同義詞。而主張或命題在一開始並沒有對或錯，一切都取決於其後的理由（或「原因」、「解釋」、「分析」）。

必須注意的是，提出主張時，一定要謹慎釐清主張裡面包含的概念，每個概念也都要盡可能精準。萬一某個詞有很多種意思，一定要明確界定你指的是什麼。例如在提出「人不應該結婚」這個主張時，就應該要說明清楚，這裡指的結婚是在教堂舉行婚禮，還是法院登記結婚，抑或兩者都是。

以下說法能讓對方明白我們正在論證的第一階段：

◆我主張……

◆我想提出……主張

◆我深信……

【範例】Statement（主張）：

我主張，不管是舉行教堂婚禮還是登記，人都不應該結婚！

如你所見，主張是簡明扼要的。至於我們馬上要看到的理由，就幾乎完全相反。

Explanation（理由）

我們會在論證的第二階段提出可信的理由，說明為什麼先前提出的主張是正確、可信的。我們提出的主張需要建立在一個穩固的根基上[4]，因此理由應該要深切，不能單薄。理由愈深入，則主張所站立的基礎就愈穩固。

在生活中，最常看到的錯誤是給出的理由少到不能再少，有時只有半句話。想要成功說服某人，這樣當然不夠。假設我說：「下次德國聯邦大選，請大家投給自由民主黨，因為這個黨最會搞經濟。」

這個薄弱的理由絕對說服不了你。因為一方面我必須更深入分析為什麼自由民主黨比其他政黨更擅長處理經濟問題，另一方面我也必須要說明為什麼經濟在聯邦大選中是最重要的議題。況且就算我們認為自由民主黨真的最會處理經濟議題，許多人還是可能不關心經濟，反而覺得環保或外交議題比較重要。因此，一定要避免薄弱的理由。

關於論證，我最常聽到的問題是：一個好的理由應該要多長呢？正如律師幾乎不管聽到什麼問題都只有同一個答案，我的答案也相同：「這得視情況而定！」提出的主張愈有爭議，理由就必須愈詳盡，但大致上可以採用我的「十句準則」：如果不確定該講多少，那我就會用十句話左右來解釋一個論點。一方面，十句話能讓你的理由不會顯得太過膚淺，另一方面，十句話也不會太多，只需要花一分鐘就講完了，不會過於冗長——而一分鐘時間真的每個人都有，就算是在電話裡也一樣。

以下說法能讓對方明白我們正在論證的第二階段：

◆這件事是這樣，因為……

◆我想用以下方式說明……

◆讓我解釋一下我為什麼會有這個想法……

再回到例子：

【範例】Explanation（理由）：

為何如此主張呢？想結婚的人，大部分（騙婚者和極端節稅分子除外）都是想要攜手共度人生。兩個人透過明示或暗示，相互允諾這輩子永不分開，無論生老病死貧窮富貴，都甘苦與共。戀人們認為結婚以後會一輩子相愛，沒有人願意長期活在無愛的婚姻關係。願意步入婚姻的人，覺得婚前相愛，婚後也會有相同的感受。他們相信，也希望，對彼此的愛戀能永久。

但這樣的想法很不理智，因為在十年、二十年的時間裡，人會改變非常多。二十歲的時候，跟四十歲完全不同。經歷過不同的事、遇過這麼多影響我們的人，興趣、價值觀、願望和感受都會隨之產生改變。隨著人生推進，每個人都慢慢地變成了另一個人——雖然自己未必意識到。

所以，對某個人做出承諾說，十年、二十年或四十年後依然愛他，這樣的承諾是不理智的。一來我們自己根本不知道伴侶未來會變成什麼樣子，二來我們也不知道自己未來會變什麼樣子。夫妻兩人依然適合彼此的可能性會逐年降低，伴侶間的互動也會持續漸少（原因通常是對彼此不再感興趣了，因為早就知道對方下一步會說什麼或做什麼）。這也是為什麼離婚的夫妻常常會說：「我們的生活已經沒有交集了」或「我們就是不適合了」。

還有，愛的感覺不受控制，無法永恆，這是眾所皆知的事實。我們沒辦法在結婚那一刻就確信自己會一輩子持續愛著他。由於愛的感覺不受控制，也無法想產生就產生、想放大就放大，因此就算我們的個性和價值觀多年後都沒改變，依舊沒辦法保證愛情永存。換句話說：就算人沒變，愛的感覺還是可能會消失，對此我們束手無策。而大家都知道，非常多夫妻因為「不再有愛了」而離婚，我們無法一口咬定自己就屬於會永遠相愛的那群人。永遠相愛這件事，雖然可以希望，卻沒辦法保證。因此，永遠相愛的承諾是不理智的。

最後，由於每段婚姻皆以這個無法遵守的承諾為基礎，因此我們不應該做出這樣的承諾，也不應該結婚。

Example（實例）

實例是論證的第三階段。將通常較為抽象的理由具體化，用一個案例來說明。例子應該盡量簡明易懂，而且要讓你的聽眾或對話夥伴有記憶點。

例子不僅用來說明，也能用來證明你之前提出的理由。因為例子是現實生活中的一個具體事件，經得起查證。

以下說法能讓對方明白我們正在論證的第三階段：

- 我舉個例子……
- 有個很棒的實際例子……
- 我想用以下情況清楚說明……

接著來看範例：

【範例】Example（實例）：

我舉一個我個人的例子。我的初戀女友和我，當時我們都十八歲，非常相愛，一起去上學，有共同的興趣和朋友。但進入了不同的大學、讀不同的科系、有了不同的朋友圈以後，我們就發展出了不同的興趣和價值觀。漸漸地，她喜歡上運動，我則是喜歡玩音樂。她的偶像是網球選手和鐵人三項運動員，我對搖滾吉他和樂團著迷。她開始跑起馬拉松，我則開始上起吉他課。

雖然我們沒有交惡，但經過七年以後，在一起這件事對我們兩個來說已經不再有趣了，愛情也隨著時間慢慢消融。十八歲的我們沒辦法想像我們會在接下來七年間出現這麼大的差異，也沒辦法想像我們會逐漸不再相愛。幸好我們沒結婚。

Impact（關聯性）

在說服別人的過程中，不僅需要說明某件事是真實的（若僅需達到此目標，則3B模式已足夠），也必須讓對方知道我們的論點對他們至關重要。如果對方不知道你說的內容對他有何意義，那麼就算你提出的理由和實例再了不起、再有邏輯，他依舊無動於衷。就算他仔細聽你說，也許內心也同意你的說法，但你說到最後，他只要問一句：「那又怎樣？」「對我有什麼好處？」

若想讓對方照你說的做，你就必須在論證的第四階段回答上述兩個未被說出口的問題。也就是說，若你真的想說服對方，你就必須要讓他知道，你的想法對他來說至關重要。

要怎麼做？有個不錯的辦法是，舉出一個具體的好處或壞處。以下說法能讓對方明白我們正在論證的第四階段：

◆為什麼這個議題很重要？
◆這件事對你有何具體益處？

◆如果你不行動，可能會帶來什麼壞處？

再來看看範例：

【範例】Impact（關聯性）：

為什麼不結婚這件事這麼重要？簡單來說：因為每個人遲早都會遇到，而且對那些還沒做好決定的人更是重要，他們現在還有機會，可以避免上述的問題。對於那些正在考慮再婚、考慮離婚、喪偶人士來說也很重要。整體來說，等於數百萬德國人，和數十億全球人類。

Explanation of Impact（關聯性的理由）

和一開始提出的主張一樣，關聯性也不能只是講講而已——你不能到最後只說：「這對你也很重要！」這不會有說服力的。

關聯性跟主張一樣，都需要我們額外用至少一個理由來說明，意即清楚解釋為什麼到目前為止說的關聯性正確無誤。我稱此為關聯性的理由。這是論證的第五階段。

如前所述，你可以將關聯性想成可能為對方帶來的具體好處或壞處。例如，假設你想說服你主管批准某項企劃案，那你該做的就不只是解釋該項企劃案會成功，並且很快就能完成。這樣對她來說是不夠的。你另外還得說明這項企劃案的好處，比如說它能為公司帶來相當可觀的經濟效益。在此例子中，強調的就是經濟上的關聯性，而這在我們的資本主義體制內當然永遠是最重要的。

但你也可以將關聯性（及其理由）用「如果對方不做，就會導致什麼壞處」來呈現。假設你想說服你的伴侶：睡眠時間要長一點。如果你在論證的這一階段讓他知道，睡眠對他的專注力、記憶力或身體機能都有重大的影響，雖然他現在覺得自己每天只睡五到六小時，還是很健康啊，但事實上根本不是這樣。那麼這個負面影響（在此例子中是健康上的關聯性）就能說服他至少睡滿八小時。[5]

因此，為主張提出好理由，並用適當的例子說明，這樣還不夠。我們必須提出一個具體的好處或壞處給對方，並且詳細地說明「為什麼有這好處／壞處」的理由，才能讓對方真的照我們說的做。理由和實例可使對話夥伴知道我們論點的真實性，而關聯性及其理由則是讓他了解重要性。講得更哲學一點，借用現代邏輯學奠基者、分析哲學最重要先驅戈特洛布．弗雷格（Gottlob Frege）的話來說：

理解意思，不一定代表了解意義。[6]

以下說法能讓對方明白我們正在論證的第五階段：

◆為什麼你會從中獲益？

◆為什麼這可能會為你帶來壞處？

◆為什麼這對你很重要？

我們來看看這一段的示範：

【範例】Explanation of Impact（關聯性的理由）：

為什麼積極主動地思考結婚議題很重要？結婚這件事在我們的社會上是一種社會規範，而且這個規範目前看似會持續存在（至少對二十一世紀前半葉的我們來說）。如果女性到了四十歲，或男性到了四十五歲還沒結婚，就會被認為是逃避責任（下一代）、缺乏人際相處能力等等。父母和親戚早晚也會對那些大齡男女施加壓力。因此，未婚人士應該要明白：最糟糕的事，就是多年後才發現當初攜手共度白首的伴侶，已經不再適合自己了。這種無愛的情況可能會造成兩種結果，且兩者都是極度悲劇：在愛消逝後，如果選擇繼續在一起，等於現在的生活裡再也不會出現當初共同生活、擁有快樂的承諾了。如果選擇離開對方，那就等於打破了當初的結婚誓言。

只有不結婚，才能避免這兩種愛消逝之後的悲劇性後果，並免於承受情緒與心理上的壓力。

Rebuttal（反駁異議）

而論證的第六階段「反駁異議」，指的又是什麼呢？這不難理解：我們提出的每個主張都會遇到反對意見。在「居家辦公」這個議題上，有支持與反對兩派。在「扁平化組織」議題上，有支持與反對兩派，在結婚議題上當然也有。如果忽略了反對意見，我們的主張就會顯得片面或甚至偏頗。有說服力的溝通者會馬上讓對話夥伴知道，自己已經仔細斟酌過反面的意見了（至少，最重要的一項反對意見已經考慮過了），正反兩面意見都很清楚。只有在點出反對意見，並憑一己之力駁倒它，才能真正取得對方的信任。[7]

以下說法能讓對方明白我們正在論證的第六階段：

◆可能有人會提出反對意見說……但實際上……

◆反對我的人雖然會說……但這個觀點是錯的，因為……

◆支持反面意見的理由是……

我們來看看例子：

【範例】Rebuttal（反駁異議）：

婚姻擁護者可能會提出異議說，目前有百分之五十到百分之七十的已婚人士還在一起，因此伴侶兩人還是有可能常相廝守，對彼此的愛同樣有可能長期存在，儘管形式和強度有所不同。

然而這個論點是錯的。向某人立下永遠愛他的誓言，是錯誤的舉動，因為沒人能承諾、保證自己二十年或四十年後會屬於快樂、依舊相愛的那百分之五十到百分之七十。做出永遠愛他這樣的承諾，就像擲硬幣時承諾對方結果會是「人頭」一樣，一點道理都沒有。當然，結果是「人頭」的可能性是有的，但沒有任何一個理智的人會用人生以及數十年的幸福來賭。

SEXIER模型的優點，及日常生活中的應用

SEXIER模型最棒的地方在於它應用範圍廣泛，不管你是律師、醫生、工程師、售貨員、老師，甚至是個孩子，都可以。不管你在哪個行業，屬於哪個年齡層，都必須要能夠有技巧地提出自己的論點。

各個說服過程當然會因為主題和參與的對話夥伴而有所不同，因為每個人知道的東西都不一樣，所以會提出不同的理由和實例。每段對話都是獨一無二的——而被優良的論點所說服，也是良好辯論文化的一部分。

這裡我還想提一件重要的事：大多數人都想說服別人，但自己並不喜歡被別人說服。這態度當然對所有人都沒有好處。因為如果從一開始就認為自己的論點比較

好，因此不想聆聽對方提出的反面意見，那麼第一，我們就不會想仔細聆聽別人說話，因為我覺得他們的論點永遠都比較弱；第二，如果每個人都這樣自以為是，那就永遠無法說服任何人了，這個社會也就變成「人人都以自我為中心的世界」，沒人會想生活在這種社會裡。因此，除了對別人的論點感興趣以外，若能接受他們的啟發，偶爾也被他們說服，才是比較合理的狀態。

當然，你不一定要照著SEXIER模型裡面的順序來執行。你也可以先從實例開始，或從關聯性（也就是好處或壞處）開始。理論上你也可以從反對異議開始，但我並不太建議這麼做，因為這樣可能讓你的對話夥伴感到困惑，一般人都會希望在一開始就立刻知道你的立場。當然也沒道理從論點的理由或關聯性的理由開始，因為對方必須事先知道我們的論點到底是什麼。不過重點是，論證的六階段都要準備好。

關於SEXIER模型，我在工作坊上最常碰到的問題中，排名第二的是：一段論證要多長呢？理由長度不同、實例長度不同，時間總長當然也會不同。但平均來說，大約五分鐘。假如你的對話夥伴一再打斷你，不給你這五分鐘聆聽的時間，當然也沒關係，因為你可以將SEXIER論點及其個別元素拆開使用，當成回答對方發言的內容，這樣對方就不必靜靜聽你一個人把六階段從頭到到尾說完。若對方在第

二、第三、第四或第五階段就已經被說服了，當然就不需要用到全部元素，可以為自己成功說服他感到開心。

當然，以上舉例的，只是反對婚姻的可能論點之一。另外還有很多贊成婚姻的論點，我們會在下一章詳細討論。我舉這個例了，主要是想讓你知道SEXIER模型在實務上如何運作。

如同世界上的每個論點，這個模型當然有可攻擊之處，例如別人可能提出以下幾個批判性問題：

1. 人在數十年間會有劇烈改變，這個說法正確嗎？
2. 戀人會朝不同的方向發展，真的存在這個可能性嗎？
3. 兩人興趣不同，對伴侶關係來說不會反而比較好嗎？
4. 未來會不會愛對方，真的沒辦法控制嗎？
5. 你舉的例子，就能夠證明所有伴侶關係都會以失敗收場嗎？
6. 就算永遠相愛的可能性很低：難道不該試試看嗎？
7. 婚姻真的無法讓人在衝突後和解，避免因為嚴重的衝突而分手嗎？

除了上述問題，可以想見還有很多其他針對「反結婚論點」的優秀質疑與反面觀點。然而就是因為有這些質疑與負面觀點，論證過程才會這麼有趣：可以有許多好點子互相競爭。而到最後，至少在潔白說話術的範圍，應該要是好論點勝出，而非說話比較大聲或比較權威的人。

日常生活中，困難的不僅在於建構好的SEXIER論點，還必須弄清楚對方的人格特質。因為依據對方性格種類的不同，在對話過程中說出論點的時間點會有所不同，SEXIER模型各元素的比重調配也不一樣。這就是下一章的重點。

2 用同理心進行論證：四色模型

每個符合自我的性格都是正確的。

——席勒，《華倫斯坦》

除了依據SEXIER模型建構合理的論點，在論證過程中，我們還必須依照對話夥伴的性格，來調整我們的重點，因為性格決定了對方能接收哪些內容、想接收哪些內容。我們必須視情況彈性運用SEXIER模型，也就是說，在論證過程中要調整不同階段的比重。在論證以外的範疇，也要依對方的性格類型，去注意跟他閒聊寒暄是否有益，若是，益處又有多少。也難怪日常生活中說服別人會這麼難。不過我們一步一步來。

就算沒學過心理學，你一定也注意到世上人有百百種。有些人很喜歡說話，有些人比較喜歡聽別人說話；有些人很有自信——不管他們對於某領域到底熟不熟悉，有些人則是極度不安——即使他們已經做好萬無一失的準備；有的人心胸開放，喜歡嘗試新事物，有些人三十五年來每年夏天都去同一個地方度假；有的人會因為雞毛蒜皮小事生氣，有些人永遠處變不驚；有些人不管別人說什麼都同意，有些人則總是想反駁，即使他們內心其實贊同；有的人認真負責，有的人則永遠趕不上期限，卻又不會有罪惡感。

人是如此不同，因此，我們必須面對一個極為重要的問題：SEXIER模型在任何人身上都同樣有效嗎？

答案很明顯：YES，也是NO。一方面來說，每個好論點都包含前一章提到的六階段。另一方面來說，這六階段要按照對方的性格重新包裝，如此才能使論點發揮最佳效果。

不妨借用現代心理學來幫助我們。許多不同的性格模型試著將人的個性分類。古希臘名醫希波克拉底（Hippokrates）就將人分成四類：樂天型Sanguiniker（開朗但草率）、冷靜型Phlegmatiker（不活潑但可靠）、憂鬱型Melancholiker（悲傷但自律）、暴躁型Choleriker（堅決但易怒）。

二十與二十一世紀的人格心理學還提出了其他許多分類與模型。現今主流意見認為，人格特質可以分為五大面向（所謂的Big Five），這五大面向在每個人身上的組成比例各不相同，它們分別是：經驗開放性、嚴謹自律性、外向性、親和友善性、情緒穩定性。

學者發展出可以準確描繪人類心理的精密模型，這很棒沒錯，但這在日常生活中對我們來說有何用？用處不大。因為不可能在每段對話開始前都讓對方填個四十五分鐘問卷，以找出對方身上五大面向的組成。或許有時候會希望這麼做——但在生活中並不合適。

幸好我這裡還有個很實用的東西，我在自己的教練課和買賣東西的過程中也很喜歡用：DISG四色模型（也許你知道）[8]的簡化版。不用做一大堆練習、不用學好幾年的心理學，你馬上就能學會如何迅速將他人歸類，並隨之調整你的說服內容。從這個角度看來，你除了要理性地提出論點、建構一個好的SEXIER論證過程以外，還需要用同理心提出論點，依照對方的人格特質調整內容。如此一來，你的說服力會更加提升，因為你的論點除了合理以外，也很適合對方的人格特質。

一般來說，人可分成四種顏色：藍、紅、綠和黃。

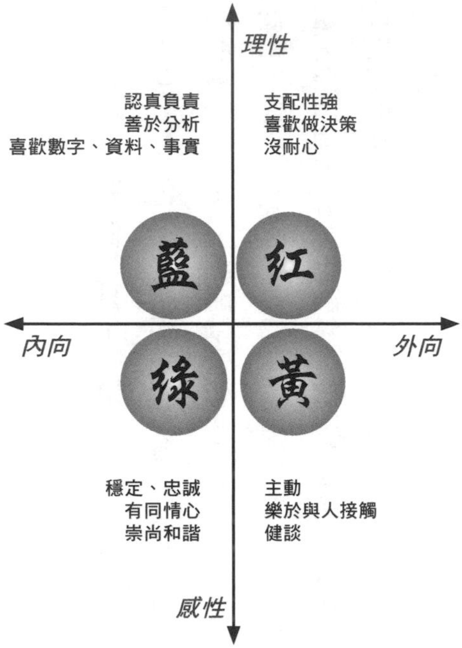

說服「紅」型人

紅型人是名副其實的行動派：他喜歡做決定、支配性強、沒耐心。他經常打斷對方的話，總是急急忙忙的，而且經常晚到。他想迅速看到成果。充滿幹勁和行動力的他，不會想花很多時間蒐集資料、權衡利弊，而是想盡快行動。他不畏懼衝突，相反地，他將衝突視為達到目的、繼續前進的機會。他自信地與他人溝通自己的期望與目標，喜愛挑戰與勝利。他喜歡對方直接切入正題，不要拐彎抹角。

你一定認識很多這樣的人。這類型的人大多是組織的領導階層或主管，或想變成領導階層或部門主管、每天都在等升遷的人。對紅型人來說，地位和認可比事實還重要。

想說服紅型人，最好的辦法是什麼呢？首先，很重要的是，你的論證過程應該盡可能簡潔有力，因為他很快就要趕去下個行程，沒什麼時間聽你說話。

由於紅型人個性外向，所以並不反對在真正的討論開始前先閒聊一下。但同時，如前所述，他也會想盡快切入正題。因此，閒聊部分應該簡短，然後迅速、清楚、簡明扼要地將你的意見傳達給他，不要講過長的理由。

尤其重要的是，你必須讓野心勃勃的紅型人知道關聯性在哪裡（意即對他或他的團隊有什麼具體好處或壞處），並好好說明理由。由於他想往上爬，因此他更關心關聯性為何、是否能迅速取得成果。因此理由、實例和反駁異議這三個部分簡短即可。

然而還是建議論證的六個階段都要出現，對其他三種類型的人也是如此。也許紅型人會詢問我們是否能提供一些例子，或者是否有其他反面意見。但對他們來說重點還是在關聯性——因此我們在提出建議後，應該要專心說明具體後果。

說服「藍」型人

藍型人在做決定以前喜歡反覆思考，也喜歡分析一切數字、資料、事實和觀點。他不憑直覺做決定，就這點來說，跟紅型人相同。由於藍型人喜歡思考，也花很長時間在思考，所以經常顯得有些死板、有距離感、內向又冷淡。他總是準備充分、守時。

想要說服這類人，最好透過充分完善的理由，不限於一種理由類型（詳情請看下一章的「十大理由支線」）。反駁異議也可在說明理由時順帶提到。邏輯性、客觀性和縝密思路，對藍型人來說就是加分。他能迅速看出說詞矛盾、邏輯不通之處，也總是以檢驗的態度專注聽你說話。

若你的對話夥伴是藍型人，閒聊就一點意義也沒有。對這類內向的藍行人來說，聊無關緊要的東西、裝親切友好，只會對他造成壓力。因此，跟他打聲招呼後，立刻提出你的論點和事實，這樣就好。

跟紅型人不同，這類人沒有時間壓力，會預留時間做全面性的討論，因此SEXIER模型的六階段都必須詳細表達。對藍型人而言，理性與冷靜就是王道。

說服「黃」型人

黃型人個性外向、樂於與人接觸。他對「人」普遍都很感興趣，對你個人的經歷又特別感興趣。他自己也很喜歡講講趣聞，因為讓別人展露笑容會讓他感到開心。他與他人建立連結的能力絕佳，態度正向積極。

黃型人喜歡談論私事，也希望能跟對話夥伴頻率相同，因此不該一開始就馬上開啟我們的論點，建議最好在討論真正開始前先花點時間進行輕鬆的對話，論證比較容易成功。反過來說：面對黃型人時，如果在打招呼之後馬上唐突地開始論證，會被愛交際的黃型人視為一種冒犯。你的論述會不太容易被他接受，因為他覺得人情層面上沒有受到尊重，也因此可能認為你不親切友好。

所以，各種各樣的人真的大不相同：面對紅型人，閒聊應該簡明扼要。面對藍型人時，完全不要閒聊。而面對黃型人時則應該要盡量閒聊，好讓你的論點能夠發揮最佳效果。

黃型人很喜歡說話，話又多，同時也想先暖暖身，讓他自己進入狀況，因此千萬不要打斷他。這當然需要耐心，尤其當你本身就是個內向人的時候。

SEXIER是個依情況滾動調整的模型。黃型人不同於理性的思考者，他比較注重感受，喜歡聽故事，所以若你提出詳細的例子與具體的情況，這樣尤其能得分，若這些例子都跟人和人際關係有關聯會更好，抽象的東西盡量少一些。論證第三階段「實例」就是王道。當然SEXIER模型的其他元素還是會出現，但在說明理由和實例時，要把重點放在當中的人和他們的感受。

一般來說，到了討論的最後，黃型人也會希望跟開始前一樣閒聊一下，因為對他來說，人跟人之間的關係比討論事情還重要。因此，對話最後可以再問問他週末有什麼計劃，或家人最近好不好。

說服「綠」型人

綠型人崇尚和諧。他很有同理心，跟黃型人一樣屬於感性動物，總是避開衝突。他能讓人信賴、忠誠——但因為他會避開衝突，所以通常沒辦法堅持立場，很快會因為追求和諧而做出妥協。此外，你永遠不知道綠型人真正的想法是什麼，因為不管你講什麼他都同意（以求避免衝突），他很少會表達自己的意見。

由此可見，跟綠型人溝通的基本規則：最重要的是在論證時讓他先發言，要不然他會像變色龍一樣迎合我們的意見，這樣就永遠沒辦法知道他的真實想法。因此，如果想說服綠型人，就要從開放式問題開始，如此才能明白他的看法，並避免太快透露自己的論點。

由於綠型人也比較算是重視人際關係的感性動物，不太看重邏輯理性，因此要把重點放在故事、例子和人上。又因為綠型人在聽到你的論點後，絕對不會自己提出反對意見，因此說服過程中，「反對異議」這個階段就非常重要：我們最好可以自己提出兩到三個綠型人「可能藏在心裡的反對意見」，然後加以反駁。他雖然沒將批評說出口，我們還是對他的反對意見做出回應。透過這種方式，成功說服他的機會更高。

最後再針對閒聊做補充：綠型人個性內向，所以閒聊可以盡量簡短就好。重要的是態度要有禮貌，不要公開反駁他，因為這樣會干擾到他最喜愛的和諧，進而嚴重激怒他。面對綠型人，重點就在於要老練圓滑，每字每句都要謹慎選擇。

顏色對了，結果就對了

當然了，四色模型只是人類心理的究極簡化版——而人絕對也不只擁有一種顏色。每個人依關係、情況的不同，性格裡主導的顏色會有所不同。因此也就不難想像，一位權威的紅型銷售經理，回到家會變成善於溝通、熱情的黃型人。

除了某人基本上是某種顏色以外，他在對話過程中呈現什麼顏色，也很重要。另外，如果某個人是我們已經認識很久的，那說服他就比較容易，因為比較好評估他。若想提升說服力，建議按照前述方法，依據對方的心理需求調整做法。合乎邏輯且具有同理心的論點才是最好的論點。

現在你了解了一個好論點是由哪些元素組成、什麼時候開始論證，也了解如何依對方的人格特質調整使用SEXIER模型。然而如你所知，每個主張都能從完全不同的角度去觀看，然後得到完全不同的理由。但你應該選哪個理由？理由有哪些類型？哪種理由類型對哪個主題最有用？下一章就是要解答這三個問題。

3 十大理由類型

由於判決皆有理由作為依據，因此德文理由一詞選得很合適。

——叔本華

一個有說服力的好論點該是什麼樣子？針對此問題，雖然哲學家和論證理論家意見分歧，但所有人一致認為：**論點的核心在於理由，也就是「為什麼」**。只有理由能讓你的主張符合事實，或至少有符合事實的可能。令人驚訝的是，人一點都不擅長為主張找不同的理由。我指的是什麼意思呢？

在我的工作坊上，我給參加學員幾個不同的主張。每個人有十分鐘時間替自己拿到的主張找出不同理由，接著每個學員要用五分鐘時間將論點報告給大家聽。每次訓練過程中，都會發生不可思議的事：雖然我給的主張都很日常，不會太艱深（例如「應該完全禁止看電視嗎？」或「智慧型手機會讓人上癮嗎？」），但超過百分之九十的學員沒辦法講滿五分鐘。而且，大多數人講兩到三分鐘之後就會放棄，因為他們沒想到任何更進一步的理由。

然而，如果我在練習前就向他們介紹本章的「理由十大類型」，那麼會發生什麼事呢？不可思議的事再度發生：準備時間一樣是十分鐘，但突然間，幾乎每個學員都能針對自己的主張做出鏗鏘有力的報告。

既然有了本章提到的「理由十大類型」，論證過程就會明顯出現差異。那麼要如何替任何一個論點找到許多好理由呢？

方法是：快點認識十大理由類型吧！這樣一來，不管哪個主題，你都能在最短時間內對它進行全方位檢視，接著決定在具體的對話情境中，採用哪種理由類型。重要的是：不是每種理由類型對每個主張產生的效果都相同。有時經濟面向理由會起關鍵作用，有時道德面向，有時則是情緒面向。反正你馬上就會全部認識。

論證過程中，困難的點在於，你不僅要思考哪項理由最有說服力，另外還要推測哪項理由跟你的對話夥伴最密切相關。在快節奏的日常生活中，很少有機會能讓你花半小時報告各種不同的理由。因此，你必須選定兩到三個理由類型——有時你的時間甚至只夠講一個。尤其在電話中，人通常比較沒耐心，所以建議一開始就立刻提出最佳理由。

由此可見，論證時，最關鍵的問題是，在對話情境裡該使用哪種理由類型支線，以及哪種類型對於對方最有說服力。想做到這樣，前提是你要真誠地傾聽（而非心急發言），還有你必須具備能讓你達成目的的提問技巧。這兩個議題，我們會在下面兩章仔細探討，現在先來認識這十大理由類型。

依照辯論習慣，我已在第一章詳細介紹反對婚姻的論點以後，接著在這一章我將提出贊成結婚的理由，並依據這個結婚的例子，說明每種理由類型的重點，以及哪種理由類型最適合哪種人格特質。

每次想要說服別人時，你都可以把這十種理由類型當成核對清單，因為任何主題真的都能從這十個角度來檢視。另外也建議，每個角度都要花點時間思考，因為有時在情急之下會漏掉一些點子，而那些點子遠比我們最初的想法還要好。以下簡單統整十大理由類型：

現在又到了舉例的時間。接下來每個小節都會先概述個別理由類型，並介紹該種理由對哪類人特別有說服力。我會針對「人應該要結婚！」這項主張提出十種不同的理由。注意：不一定每項理由你都要喜歡——重點在於要讓你的對話夥伴覺得

十大理由類型

1.	經濟	有利可圖	⟷	帶來損失
2.	道德	好	⟷	壞
3.	法律	合法	⟷	違法
4.	政治	有益	⟷	有害
5.	利己	為自己帶來好處	⟷	為自己帶來壞處
6.	利他	為他人帶來好處	⟷	為他人帶來壞處
7.	實用	可實際應用	⟷	複雜
8.	理想	符合理想	⟷	違反理想
9.	文化	依循傳統	⟷	違背傳統
10.	情緒	引起正面情緒	⟷	引起負面情緒

有說服力。或者換個方式說：要適合他的思維。蟲餌是要讓魚覺得好吃，而不是釣魚的人想吃。我們開始吧！

經濟型理由

經濟型理由的重點在於，做這件事會讓你有利可圖還是帶來損失，也就是說，主要跟錢有關。如果能讓對方明白我們的建議可替他省錢，同時不需要犧牲品質，或者可替他獲利，那麼這項理由很快就能說服許多人。

經濟層面最棒的是可量化性：通常很容易就可以計算出能夠省下或取得的具體數額。這點與接下來馬上要介紹的道德或理想型理由恰恰相反。

建議：經濟型理由適用於習慣從經濟層面思考的人

【範例】贊成結婚的經濟型理由：

經濟層面的論點，也跟結婚有關？只要理智一點思考，很快就會發現：第一，夫妻共同報稅每年能省下好幾千歐元。第二，低收入伴侶可享德國健保全額給付，而未婚人士就不適用——這同樣每年也省了好幾千歐。第三，已婚人士的贈與免稅制度比未婚人士有利許多。第四，配偶一方死亡後，生存的配偶擁有財產繼承權，同時也可請求遺屬撫恤金，而未婚人士同樣無此權利。

第五，從經濟角度來看，扶養請求權也對財務上的保障至關重要。想必你知道夫妻雙方互負扶養的義務，不管是在婚姻關係存續期間，或離婚後的一段時間。若無法工作（例如失業或健康因素），但又還想擁有最低生存保障，結婚都能大幅避免伴侶淪為赤貧。對夫妻來說，經濟上的風險是由兩人共同分擔——財務上較有優勢的一方須保障另一方的生計。

當自己無法真正財富自由的時候（大部分人都是如此），單單上述的經濟考量就足以讓人贊成婚姻制度。兩人在決定要不要結婚時，經濟面向佔了多少比重，我們當然無從得知——「為了錢而結婚」是社會文化的禁忌，極少有人公開談論。但經濟在婚姻當中具有重要地位，這點大概沒人會否認。

道德型理由

道德型理由的重點在於，一項行為是否符合人類道德舉止的普遍價值與規範。

建議：道德型理由支線適用於有高度責任心的人。

如同我在《操控與反操控》一書中所寫，[9] 所有人都同意且接受的社會規範並不存在。因此「符合道德」到底是什麼，一直是個很有爭議的問題。而且每個人都有他自己主觀意識上的道德，使得關於道德的討論更加困難。

用主觀的道德當理由當然很困難。但有世人普遍接受的「客觀」道德嗎？令人驚訝的是，有的！全世界所有文化裡，對道德的最低定義是，至少不要造成他人的損失。這條道德黃金守則你一定知道：「己所不欲，勿施於人。」

然而這條守則僅要求我們被動地「不要做某事」，並未提到我們有義務主動做出道德行為，因此這條守則無法告訴我們「必須結婚的道德理由」。當然在古早年代，婚姻是多數人唯一能接受的生活形式，只有在婚姻裡才能發生性行為、才能生育。但在二十一世紀的今天，結婚也有道德上的理由嗎？如果仔細思考，確實有一個相當合理的道德理由！

【範例】贊成結婚的道德型理由：

在一項主題為伴侶和婚姻的代表性問卷中，[10] 以下兩句陳述取得男性與女性受訪者最多同意票。

◆要對所愛之人負責。（百分之八十一男性同意，百分之八十二女性同意。）

◆婚姻是有約束力的承諾，此承諾是雙方結合的基礎。（男性同意比例百分之八十，女性同意比例百分之七十八。）

由此可見，大部分人都接受婚姻關係裡對彼此負責、雙方為共同體的道德義務。反過來說，利用伴侶、使對方遭受損害，通常會被認為是不道德的。

這裡所說的「利用」，出現在日常生活中是什麼情況？婚後常見的分工是，配偶一方負責家務和小孩教育，另一方全心投入工作，負擔家庭開銷。這已是公開的秘密。由於打理家務和小孩教育沒有酬勞，基於共同體的前提，夫妻於婚姻期間的淨益應由兩人平分。德國民法典裡頭也是如此規範。[11]

就算某對夫妻在家務和職場兩方面都取得百分之百的平衡，若遇到長期疾病、失業和死亡等情況，夫妻還是有共同承擔風險的義務。

若雙方願意同甘共苦，向對方負責，那麼唯有婚姻才能使人對未來做出公正的道德承諾。相反的，未婚人士常在共同生活幾年後忽然消失，不再承擔彼此的義務——這對收入較高的人來說誘因較大。

為了避免這種情況，如果兩個人已經在一起很多年，那麼就應該結婚，以符合道德。民法裡的夫妻共同體概念當然也能透過契約達成（契約內容也可涵蓋婚姻關係結束後的時間），但這不太容易實現，因為不想結婚的人通常是刻意捨棄這種共同體關係，不想為對方負起責任。基於上述理由，若兩人在關係裡依循傳統角色分工（家務與工作），或當緊急情況（疾病與失業）出現時，不結婚就是件不道德的行為。

法律型理由

法律型理由的重點在於，提出的主張有特定法條或判決支撐。就算你是個法律門外漢，現在這個時代在網路上也查得到很多法條和判決，家裡不用放一堆加註評析的法典。一般人生活法律知識的絕佳來源，就是由律師撰寫、附有法律文獻與判決出處的文章。

建議：這種理由類型適用於想奉公守法生活的人。

在極為重視法律與法治的德國，如果提出的理由在法律上站得住腳，並且能夠指出某件事合法或違法，說服力就會大增。

【範例】贊成結婚的法律型理由：

那麼，贊成結婚這個主張，可以從從法律角度找到理由嗎？除了之前提過的一些關於婚姻的法律規範，如夫妻共同報稅、撫養、淨益平衡以外，有一項法律也支持婚姻：配偶居留權。譬如一位德國人想和一位外國人一起在德國生活，只有透過結婚，那位外國人才能取得長期留在德國的權利。因此，對跨國情侶來說，這就是個說服他們結婚的強力法律論點。

政治型理由

政治型理由的重點在於，要讓對方知道，一項行為會為整體社會或對大多數人帶來正面或負面的後果。這裡的政治並不是指政黨政治，而是指整體社會的相互關係，以及對特定族群產生的影響。

建議：這種理由類型適用於凡事都想要「顧全大局」的人。

【範例】**贊成結婚的政治型理由：**

贊成婚姻制度的政治理由，可以這樣說：從數據上來看，已婚夫妻比較常有小孩，能減緩少子化的速度。內政方面，結婚者也擁有較高數額的退休金，因為若現在有愈多小孩出生，以後就會有愈多人支付退休金。外交方面，德國人口愈多，在歐盟以及全世界就擁有愈多權力。很少人在考慮婚姻時，還會想到德國在國際政治上的重要性——但政治型理由的重點就在於採用宏觀的視角檢視個人決定，並評估其在政治上的影響。對關心政治、有愛國心的人而言，這絕對是個有說服力的想法。

利己型理由

利己型理由的重點在於，某件事情是否能增加自身利益、減少自身損失。我認為，在這個以自我為中心的二十一世紀，利己主義的中心概念已經不需贅述：對自己好就是在對所有人好。

建議：這種理由類型適用於在大多數情況下只想到自己的人。

【範例】贊成結婚的利己型理由：

在結婚這件事情上，個人意願扮演非常重要的角色。譬如許多女性希望有一天能穿上絕美婚紗當公主，接受來賓的驚嘆。或者男性會希望能證明給家人看看他負擔得起超過一百五十名賓客的大型派對。或者伴侶兩人會想辦一場讓人印象深刻的大型婚禮派對，贏過住在隔壁、平常什麼都要比的那對情侶。在這些願望裡，想像力沒有極限，但重點都在於自己。其他一切都不重要。

利他型理由

利他型理由的重點在於，增進他人利益、為他人做好事，或避免他人遭受損害。利他主義是與利己主義相反的概念。是否做出某項行為，主要的考量點是他人利益，而非自己。

建議：這種理由類型適用於泛愛世人、更想關心別人的人。

【範例】贊成結婚的利他型理由

在結婚問題上，大部分有利他想法的人，都會同意婚禮上做出的承諾，也就是「無論晴雨、貧窮富貴」都相互陪伴、扶持。對大多數利他主義者來說，小孩也是決定要不要結婚的關鍵因素。許多無私父母結婚的動機不是為了自己，而是「孩子應該有更好的人生」。

婚姻是一種以長久與團結為基礎的伴侶關係，配偶雙方共同為了小孩的福祉付出努力。因此，相較於父母未婚的孩子，父母處於婚姻關係的孩子更能享有經濟和社會福利上的保障。原因就在於，未婚父母隨時有可能片面終結伴侶關係。換句話說：父母處於婚姻關係，以終身共同體的形式照料孩子，孩子在經濟和社會福利上的保障就愈大。

實用型理由

透過實用型理由，我們可以讓對方知道，某項建議具有效力，是以解決問題為導向的。它不強調偉大的哲學價值或意識形態，而是能節省精力、容易實行或能迅速達到目的。

建議：這種理由類型適用於成果導向、強調效率的人。

【範例】贊成結婚的實用型理由：

若想提出贊成結婚的實用型理由，你可以說，伴侶應該要結婚，因為如此一來，要離開彼此的難度就會提高。已婚人士一般來說不會一碰到比較激烈的衝突就立刻想到要離婚，因為離婚的法律和社會後果通常非常嚴重。法律後果是因為前面提到的撫養權和獲益權；社會後果則是因為在親友面前公開立下的誓言現在必須打破。因此，已婚人士在衝突後大多會言歸於好，認真地再給彼此一次機會。

除此之外，你還可以說，大部分想要有小孩的人，都會覺得一個理想家庭裡的父母必須處於結婚狀態（馬上也會在理想型理由類別當中看到）。兩個人一起教育小孩當然更容易、更輕鬆，因為任務由兩人共同分擔。如你所見，理由類型之間可以互相鞏固，這個情況就是實用型和理想型兩種理由類型的綜合。

理想型理由

理想性理由的重點在於，你提出的主張要能符合對方追求的理想、個人意識型態以及價值觀。因為我們身處的這個世界就是充滿著理想：理想假期、理想主管、理想住處、理想的一天等等。理想不管在工作或私人領域都影響著我們，所以重點就是要找出一個完美符合對話夥伴理想的理由。

建議：這種理由類型適用於對於現下和未來有確切想望的人（理想情況是，你知道他的願望是什麼）。

【範例】贊成結婚的理想型理由：

許多人是由浪漫故事、詩文和好萊塢電影陪伴著長大。在那些書、詩與電影的結尾，一對幸福到不行的伴侶歡慶美好的婚禮，讓人覺得他們會幸福快樂一輩子。透過這些持續不斷的媒體攻勢，永恆的愛戀再也不是遙不可及的童話，而是可以追求、能夠達成的現實。

除此之外，書籍和電影裡也描述了某個人可能符合所有你希望的條件，因此最好耐心等待那個「對的人」。這個想法是如此美好，讓許多男男女女都想相信、仿效。理想主義者結婚不是因為有實用或道德的理由，而是因為婚禮象徵著美好關係。簡而言之：把永恆愛戀當成理想來追求的人，以婚姻形式結成終身伴侶就是很理所當然的一件事。同樣地，想要有小孩、想讓小孩在穩定的婚姻裡成長，也是這個時代普遍的理想。許多人總是會下意識地將婚姻跟生小孩連在一起，較少人願意未婚生子。在這種情況下，愛情不是重點，而是思維裡婚姻與孩子的連結，所以典型的說法是：「我們決定要生小孩，所以我們結婚了！」[12]

為了能提出符合對方主觀理想的理由，你當然必須知道他追求的理想是什麼。想做到這點，問對問題就至關重要。（你可以從本書第二篇的潔白說話術支柱三當

中，找到最重要的三十三種提問形式）

文化型與宗教型理由

提出文化型理由時，應該要讓對方知道，我們的主張符合普遍傳統與多數人的習俗。宗教型理由附屬於文化型理由的範疇，兩者情況相差不遠，唯獨那些文化上的習俗規範大多已成為宗教經文的具體內容，因此必須遵守。

建議：文化型理由適用於遵循傳統、服從多數的人；宗教型理由則適用於虔誠的人。

【範例】贊成結婚的文化型理由：

從文化角度來看，可發現許多贊成結婚的理由。當一對情侶已經在一起很久，會有股來自社會的壓力，告訴你該像其他多數人一樣，快把彼此關係「帶進下一個階段」。傳統上女性相較於男性會更早感受到這股社會壓力——且現今四十歲以上的未婚者常會覺得自己可憐沒人要。

長期忍受這樣的社會壓力容易導致心理問題，而且傳統上正好就是我們最親近的家人，也就是父母，會給我們最大的壓力。因為在我們的文化裡，兒子或女兒沒結婚，對保守人士來說是一項汙點，尤其婚姻跟生小孩又被視為同一件事。沒有後代，則血脈、姓氏及家族史就都無從傳承。社會較肯定已婚人士，婚後人生「一切妥當了」，符合主流趨勢，而滿懷抱孫希望、整天叨叨念念的父母也滿意了。總的來說，基於文化因素，想少點外界壓力、多點認可，那麼乖乖結婚不要抵抗才是明智之舉。

【範例】贊成結婚的宗教型理由：

聖經裡並未規定婚姻的具體形式，但現今大多數虔誠教徒都認為應該要追求一生一世永遠忠誠的婚姻（十誡當中有「不可姦淫」之規定）[13]，還要有小孩（聖經提到要「生養眾多」）[14]。對有信仰的人來說，聖典（猶太教的塔納赫、基督教的聖經、伊斯蘭教的可蘭經、印度教的吠陀等等）是訂立規範的文本，拿來當論證基礎很有效。

對於無神論者或異教徒而言，拿聖典出來討論則無效，因為他們不相信那些文本的權威。但在一個信仰社群裡，最具說服力的就是宗教型理由，超級適合拿來說服信仰虔誠的人。而想做到這點，對於對方信仰聖典的相關知識當然不可或缺。

情緒型理由

情緒型理由意指我們提出的主張能夠引起某些正面情緒，或減少某些負面情緒。乍聽之下你可能會覺得驚訝，情緒竟然也算是理性的理由，大部分人不是都把理智和感覺視為互不隸屬的兩極嗎？

但仔細觀察後，很快就會知道，理性與情緒兩者之間密不可分。甚至可以說，我們做的一切事情，一開始都是情緒上希望這麼做，之後才會理性地說服自己應該要這麼做。

建議：這種理由類型適用於明顯感覺導向、想遵循自己內心和直覺的人。

不能忽略的是，也有一些以為自己很理性，但其實很受情感驅動的人。他們只是不想將這一面表現出來，因為不想要別人認為自己不理性、怯懦。比如一位外界看來理性、滿腦子只有數字的投資人，他追求獲利並不僅是為了利潤本身，而是為了想要有財務上的安全自主，或想比同事強。政治人物和法官都喜愛被社會認可、有權支配他人的感覺（雖然他們不敢承認）。數學家在發現或證明新的數學公式時，也會感到喜悅。在理性的表面下永遠蘊藏著情感需求——所有人都一樣。

如果想從情緒角度提出理由，就必須讓對話夥伴知道我們提的主張可能會引起哪些正面或負面情緒。因為不管哪個職位、哪個年紀，人一定都會想要增進自身幸福、避開痛苦。

【範例】贊成結婚的情緒型理由：

要不要結婚，這件事強烈受到情感的影響。這點很少人否認。一方面來說，婚姻給人一種無條件被愛、被全盤接受的感覺。除此之外，婚姻給戀人一種確定感，知道兩人之間的關係不是短暫的談情說愛，而是一生的結合。再來，婚姻也會讓人有安全感，伴侶從現在開始只屬於我。

許多人結婚後也不再有孤獨感，因為從現在起，是「兩人一條心」地共同經營生活，不用再形單影隻，每個夜晚都獨自睡去。婚姻滿足了多數人畢生對於真愛與浪漫時光的渴望。大部分人也會肯定地說，兩個人一起的生活更好玩。最後，婚姻會讓雙方願意進入「下一階段」，「建立一個真正的家庭」。這又滿足了多數人的渴望。

別忘了學術型理由

在十大理由類型之外，還有學術研究。你用的每種理由類型，都可以再用學術知識和研究加以支持，使其更具說服力。經濟學、法學、政治學或社會學以及所有其他學科的專業知識，都可以在網路上輕鬆找到，足以補強、鞏固自身論點。至於如何輕鬆找到適合你理由的研究、為什麼那些研究能增強你的說服力，請參見本書第二篇，潔白說話術支柱一那章的圖爾敏模式，裡面會有你想要的答案。

我要採用哪些理由類型、多少理由類型？

理想情況下，你認識你的對話夥伴，能夠評估哪種理由類型最能說服他。比如說，如果你知道他喜歡省錢，那麼經濟型理由會對他最有意義。對隨時隨地都想當「好人」的人，利他型與道德型理由特別重要。其他關於哪種理由類型適合哪種人格特質的建議，在前文都找得到。

如果你不知道對方最重視什麼，該怎麼辦？那你就應該盡可能在對話第一階段（亦即，在你開始進行說服之前），先找出他重視的東西。如果你沒時間跟他互動，那我會建議你選擇絕大多數人都會覺得最重要的那種類型，就從它開始。

「絕大多數人覺得最重要的理由」要怎麼找？當然不容易，它需要論證的經驗，也需要知道哪種理由會對哪個主張最「有效」。我這裡舉兩個例子：

在結婚例子裡，情緒型理由類型是最有希望成功的：大部分人結婚的主要動機就是一種感覺，愛戀、對彼此懷有深厚感情的感覺，這種感覺遠超出那種短暫的激情。

一般來說，若大部分人做決定的過程中都是感覺在主導，那我就會建議你選用情緒型理由。根據前面提過的「十句話原則」，你應該用大約十句話來說明理由，讓對方覺得你的思路是有道理的，而且理由也不會流於膚淺表面。

現在來看看第二個例子。假設你想說服你主管支付你的進修費用。應該先採用哪種理由類型呢？高舉道德大旗，因為在那麼多年以後終於有進修機會了？採用實用型理由，跟主管說反正夏天公司也不太忙，幾天不進辦公室也沒關係？或者利己型理由，說你已經對某個議題有興趣好幾年了，現在終於在這座城市有開課？

答案：商業場域裡，多數領導階層在意的是經濟上的成長以及「投資報酬率」。因此我建議，在商業脈絡下，最好盡量都提某件事能帶來多少利益。跟你主管說明你可以將進修課程上學到的知識馬上運用在工作上，並能藉此增加更多營業額或客戶。經濟型理由在經濟領域發揮主導作用，當然沒什麼好驚訝的。令人驚訝的反而是，很多人竟然是想要用私人或道德理由來說服上司。

如果你真的完全沒概念，不知道哪種理由類型最有可能被接受，那我也不反對你選出兩到三種，把它們組織一下，一條一條好好地陳述。過程中你必須非常專心觀察，注意對方對於每個種類理由的反應是什麼。尤其臉部表情（微笑還是皺眉）與坐姿（往你的方向前傾還是往後靠）都會透露出一個人是否同意你說的話。想觀察到這些，前提是你必須看著你的對話夥伴說話。如果一直看投影片，或者從頭到尾都害羞地盯著桌子看，當然就會錯過聽者的重要肢體語言訊號，而那些訊號會透露出哪種理由對他們最重要。

你說明完某個類型的理由之後，若對方緊接著提出異議，這是個好兆頭。因為對方會有異議，就代表正是這種理由類型觸動到他。於此情況下，你的任務是，補充內容，不慍不火地提出這領域的其他理由，對方顯然對這領域特別感興趣。

這裡再針對十大理由種類提出最後一點提醒：為了確保說服力，有些人會在每次報告或對話過程中同時使用四、六或八種理由類型。這是不對的。人多必有亂象，同樣的道理，太多理由種類也會毀了你的說服力。首先。你為了某個主張瞬間提出十個理由，這樣會令人非常困惑。第二，論證時同樣也是重質不重量。最後，論證重點不在廣度，而是在深度——也就是說你的理由要有深度。一個好理由勝過七個僅止於表面的理由。

關於理由的哲學探討

我們一直在說，應該要選擇最可能說服他人的理由類型，然而會不會其實也有從客觀角度來看最好的理由？還是論證一概屬於主觀事務，從來不會有「客觀上更好的論點」？現在就讓我們繫好安全帶，在接下幾頁裡，飛往哲學高空尋找真理。

道德相對主義

什麼是客觀來說最好的理由，這的確是個哲學問題，同時也是件非常有趣的事情。關於這個問題的看法有兩個陣營。第一個陣營是所謂的道德相對主義者，他們不相信客觀或普遍的評價標準，而是認為每個文化、每個個體都有自己獨特的道德想像，沒有誰比較好、誰比較壞的問題。道德相對主義者的想法類似愛因斯坦的相對論：一切都是相對的。或者更準確地說：一切價值都是相對的，沒有任何絕對的價值，因此也沒有哪種道德價值更為優先。根據此觀點，不能、也不可以出現「客觀上比較好」的論點。

如果這個說法讓你覺得很熟悉，你就屬於道德相對主義者：「那是他的意見，這是我的意見——兩個人都有道理！」

乍看之下，道德相對主義給人自由包容的感覺，然而細看之後會發現他們的價值觀根本站不住腳。比方如果某個地區的文化數百年來都有蓄奴習慣，道德相對主義者就理應接受奴隸制度。但另一方面，他們把所有人的平等視為基本原則。然而奴隸制度卻嚴重違背了自由平等的普世價值。這個例子就讓相對主義者陷入兩難的局面。

另外，女性割禮是某些族群的歷史文化或宗教傳統，那道德相對主義者也就必須認可女性割禮的存在[15]。但由於他們認可每個人的身體完整性和自主權，所以他們不能容女性割禮這種殘忍、無理的傳統。

如上述兩個例子顯示，支持道德相對主義的人，並不「自由」，也不「包容」。自由包容的人必須相信自由、身體完整性等生而為人的權利，若真的想自稱是道德相對主義者，就必須也要包容奴隸制度、獨裁和割禮。

道德客觀主義

第二個比較合情合理的陣營是道德客觀主義者（又稱為道德普遍主義者）。他們相信，事情的「對」與「錯」並不是由主觀判定。世上存在普遍價值，可以用來客觀判斷事情的對與錯。道德客觀主義者認為某些價值優於其他價值，更能保障人類的福祉。根據他們的主張，一些像是通姦砸石（違反性自主權）或獻祭（違反生存權）等作為普遍都必須禁止，道德上則會接受那些提高人類福祉、減低痛苦的行為。

以價值等級與行為後果為基準，道德客觀主義者能夠去權衡哪種行為比較符合、哪種行為比較不符合我們的基本價值，哪種行為又能提高人類福祉、哪種則是降低[16]。

客觀來說最有力的理由

然而理由的有力程度並不僅取決於背後哲學的品質與條理。理由的有力程度也取決於其有多容易被反駁。若某個理由很穩固，就不會那麼容易出現異議，那它就是一個有力的論點。若某個理由很容易被反駁，那就比較薄弱。再來，一個理由的有力強度還取決於具體情況中是否有其他更合理、更多人能獲益的價值或行為模式。如果沒有其他可能性，某個理由就算是有力。相反的，如果有其他更好的行為模式，那論點就會被削弱。

為了讓上述說明更具體，我們取前面結婚主題的三種理由類型來進行簡短的「客觀」分析。

比如說實用型理由，仔細思考後就會發現它很容易遭到反駁。前面我們說婚姻會讓「離開彼此」這件事變困難，配偶雙方較不會每次大吵架之後就分開。然而這個理由很容易就會被高離婚率所反駁，因為大約半數已婚人士並不懼怕離婚。配偶居留權的法律性理由雖然不容易遭到反駁，但它僅適用於極少數的跨國伴侶，不能被視為贊成結婚的普遍理由，或者情緒性理由——針對這點，我已經在前面SEXIER模型那裡提過，配偶雙方的情感都極有可能改變，沒辦法在結婚的當下為未來數十年做出承諾或保證。因此情緒性理由也不夠完善。

可以確定的是，身為道德客觀主義者，他們或許可以比較各項理由，同時能夠說明為什麼某項比較好或比較差，以及某項比較符合普世價值與期望後果，(比較)能達到「客觀上正確」[17]。

如何找到主觀上最有力的理由

現在讓我們從虛無飄渺的哲學，回到踏實的日常。幸好我們在日常生活中幾乎從來不用尋找真理或客觀上最好的理由，也不用評估許許多多的基本價值以及可能的後果。實際情況出現時，只要找到主觀最佳理由即可——也就是最能說服你對話夥伴的那個。但要如何找到主觀上的最佳理由呢？

第一個秘訣在於仔細聆聽，第二是正確提問。我們先從第一個開始：透過專注地聆聽，你在對話的第一階段就能釐清對方特別重視哪些面向，然後就能選擇相對應的理由。然而，要怎麼聽才能真正理解對方呢？這就是下一章的重點。

4 真誠地傾聽，別心急總想自己發言

說者播種，聽者收割。

——阿根廷諺語

現在你認識十種說明理由的方式了。無可避免地，一定有人會問：對話中是不是要把十種理由都陳述一次，用海量論點淹沒對方？這光從時間因素來看就已經不可行了，因為每個人都很忙，哪有時間把所有理由類型都聽完，更沒時間討論。

此外，不是每種理由都跟對方切身相關。以自我為中心的人想知道自己能獲得的益處是否足夠，企業家對預期獲利感興趣，道德主義者在意自己能否做一些好事，實用主義者想知道是否能花最少精力實現某事，理想主義者在意某件事是否符合他的期望。對你的對話夥伴而言，絕非每種理由類型都一樣重要，所以你應該要選擇最能說服他的那種。但關鍵問題來了：要如何找出最能說服他的理由？

答案很簡單，就是用真誠的態度傾聽對對方說話。或者說得哲學一點：只有在知道什麼能說服對方之後，才有辦法說服他。

原則上我把傾聽分為兩類：第一類我稱為真誠地傾聽，主要目的是全面理解對話夥伴的思路。第二類則是表面上在聽，但總想自己發言。在對方說話過程中，只想趕快拋出自己的論點，對方一停下來喘口氣，自己就趕快切入發言。

為對話做好完善準備的人，當然想把所有準備好的東西都講出來，所以他們一開始會想先大講特講準備的東西，第二步才觀察哪項論點最能說服對方。我們可以把這個方法稱為散彈槍模式：先把論點往各個方向發射出去，希望其中一個理由會擊中目標。然而散彈槍不太流行不是沒有原因——我們當然是要「擊中要害、正中紅心」才對。

讓我們短暫回到贊成結婚的十種理由類型。假設你想說服你兒子或伴侶結婚。把所有優點通通列舉出來是明智之舉嗎？還是應該理解你兒子或伴侶在長期關係裡覺得最重要的是什麼呢？這兩個問題的答案當然顯而易見！

對話的第一階段應該要先理解對方，理解他在意的事，因此必須把準備好的理由暫時拋下，先專注聆聽他在意哪些事。沒人想聽客觀上最好的論點，我們只想聽「我主觀認為最好的論點」。

換句話說：能馬上說服一個人的某項理由，在另一個人眼中可能完全不重要，有時候甚至是錯誤的。最好的例子是宗教：若你嘗試用可蘭經語錄來說服一名穆斯林，可能會成功。但同樣一段可蘭經語錄若用在無神論者身上，不僅沒辦法說服他，可能還會讓他直搖頭。

這也就是為什麼仔細聆聽對方說的話會那麼重要，因為唯有如此才有辦法確切知道哪些理由能說服他。因此，規則很簡單：先傾聽，接著才提出理由。

然而傾聽又分為很多種。我把傾聽分為十個層級，以下為一覽表：

傾聽的十個層級

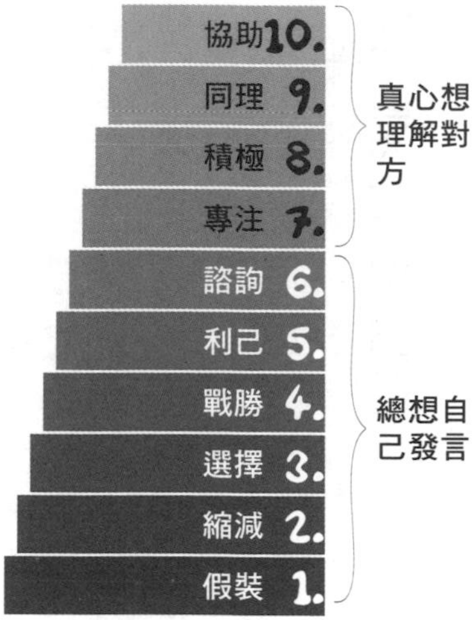

接下來的篇幅裡，讓我們瀏覽一下這十種不同的傾聽層級。在本書第二篇潔白說話術支柱二那裡，我會做更詳細的介紹，也會給你實用的傾聽建議。首先我們先看總想自己發言的六個傾聽層級，這在生活中很常遇到。

總想自己發言的傾聽六層級

總想自己發言的人，在聽人說話的時候，重點並不是想理解對方，而是想自己說話。最低層級是假裝：你說話時他看著你，但他腦裡想的只是他想講的東西。他的假裝有時是故意的（因為他覺得你不重要），有時不是故意的（因為他腦中充滿了他的想法）。但他也不敢承認自己心不在焉。多數情況下，這個層級的傾聽者僅在等你換氣，好讓他趁隙拋出他想講的話。你之前說的東西他一點興趣也沒有。他只是想聽他自己說話，不是聽你說話。

第二層級是縮減型傾聽。你話才說到一半，對方就打斷你，因為他認為已經理解你了，或者他完全不想給你機會說明。當然這樣對他而言就會有極高的風險，因為雖然他覺得已經清楚你想說什麼，但你還沒說到的內容可能才最為關鍵。

第三層級是選擇型傾聽：你的對話夥伴選擇只聽一部分內容，只注意你的特定關鍵字，並藉由這些關鍵字來拼湊你整段話的全意。這就像在閱讀時跳過某些段落：想盡可能用最少的精力了解書的內容，卻忽略了重要細節，只懂皮毛。

第四層級是戰勝型傾聽。對方聽你說話，只是為了駁倒你的論點。他將對話視為一場競技，想把故事說得更好，以便贏過你。他會緊咬你話語裡再小不過的矛盾，強調你有嚴重的思考錯誤。他覺得自己佔上風，無視你的某部分論點也許其實正確。

第五層級是利己型傾聽。對方傾聽時，是在覬覦能從對話裡獲取個人利益，可能是資訊、技巧或策略。他假裝對你的故事感興趣，但這也是種策略，動機是建立你對他的好感。他能從你身上榨取多少資訊就榨取多少。很顯然，對他而言，謀一己之私才是傾聽的重點。

總想自己發言的第六個、同時也是最後一個傾聽層級，是諮詢型傾聽。在傾聽過程中他會給你建議，好讓他感覺自己很專業。就算你沒問，他還是給你建議，或沒聽你把話說完，就倉促說出「完全理解你的感受」，並迅速做出結論。若這樣的話，你就知道他是諮詢型傾聽，或者可以說是「偽利他型傾聽」。就像前述幾個層級一樣，此層級的重點也是自己發言，而非真心理解他人。

真心想理解的傾聽四層級

直到傾聽的第七層級，對方才是真正嘗試理解你，不是想發表自己的意見。第七層級名為專注型傾聽，全心全意地聆聽別人說話，不錯過一字一句。

什麼樣的傾聽可能比專注地傾聽還好呢？答案是傾聽的第八層級，也就是積極型傾聽。「積極」一方面意指好的傾聽者透過提出聰明的問題來得到資訊。以求讓他能完整理解整段話。因為你也許講了很多，但可能忘了關鍵細節，而積極的傾聽者會透過提出適當的問題來得知這些細節（潔白說話術的第三支柱就是在教你如何聰明提問，見第二篇）。

另一方面，「積極」一詞也意指，傾聽者不僅仔細聽你說了什麼，還聽到了你真正的意思，以及其對你的意義。因為我們很常說了這件事，但其實指的又是另一件事。假設你跟你最好的朋友說，你的加薪提案又再次被否決了。表面上你講的是你的薪水沒漲。但你真正的意思其實是，你公司不珍惜你的付出，讓你承受不公平的待遇。積極的傾聽者會花心思去理解你話語表面下波濤洶湧的情感。

然而若能有同理心地傾聽，就又進入下一個境界了。你一定知道事情通常會分事實層面和關係層面。到目前為止我們都處於事實層面。而有同理心地傾聽的重點除了理解對方，另外還要理解對方的感受，並作出適當反應。若能說出對方未說出口的情緒，說對方說話時，也專心觀察他的肢體語言與聲音，就算成功做到有同理心的傾聽。

當你在講你加薪失敗時，有同理心的傾聽者會仔細注意你的語調和身體姿勢，藉此得知你是不是覺得憤怒、無助或者只是難過，並且感同深受地針對你的情緒狀態作出適當反應。

傾聽的第十個，也就是最後一個層級，是協助型傾聽。顧名思義，協助型傾聽重點在於，除了理解和感受以外，還要幫助他人，所以也可稱為利他型傾聽。幫助一方面可以是心理上的，例如陪在對方身邊，絕望時不丟下他一個人。但協助型傾聽也可以提供實質的幫助。譬如當你因為沒成功加薪很難過時，協助型傾聽者會幫你蒐集點子，看看下次可以怎麼跟公司談比較好，同時也會推薦你一些可以幫助你下次成功加薪的技巧或專家。

如你所見，傾聽有著許許多多不同的面向。但這並不代表我們每次都得追求傾聽的第十層級，而是應該視對象、視情況決定哪個層級適當，然後隨之調整你的傾聽強度。

5 更聰明的提問——得到更多資訊

能夠聰明地提問等於獲得了一半的智慧。

——法蘭西斯・培根

想要理性說服別人，除了提出好論點和仔細傾聽以外，聰明提問是讓你能成功溝通的第三支柱。單純透過傾聽，通常沒辦法得知足夠的資訊以求理解對方，因此我們也必須要能夠在正確時機使用正確的問題。這項提問能力，如同提出令人信服的論點以及真誠地傾聽，都是可以學的。

本書第二篇我們會介紹三十三個聰明的提問形式，並說明使用哪種最合理，使用時又各該注意什麼。但先讓我們看看，日常生活中出現的問題有多複雜、不明確。

問題的複雜性：三種為什麼

大多數人，包括我，從小學到大學都沒學過「原來世上還有不同的提問形式」，只有極少數人能自豪地說自己是提問專家。其實，各種提問的形式看起來很像，但實質上它們的目的並不相同，希望能讓對話夥伴給出稍微不一樣的答案。

我想透過一個我個人的例子來說明。小時候看德文版芝麻街，有首德文歌詞是：「為什麼？為什麼？為什麼？不問問題的人，就會一直笨笨。」前面的三個為什麼，分別用了德文的Wieso、Weshalb和Warum。它們的意思都是「為什麼」，但Wieso、Weshalb、Warum是完全一模一樣的問題嗎？當時還是小孩的我，以為是一樣的。然而，它們之間存在著細微差異。

譬如說，如果你問，我怎麼會變成創業者，那麼依問法的不同，我的答案也會不同：

◆ 用德文的Wieso問：為什麼你出來創業？我的答案：因為坐辦公室的工作不適合我！

◆用德文的Weshalb問：為什麼你出來創業？我的答案：因為這樣我可以賺更多錢！

◆用德文的Warum問：為什麼你出來創業？我的答案：因為我喜歡自由決定每天的工作內容和工時長度！

如你所見，我針對這些看似相同的問題，各提出了不同的答案。原因是，這三種問法實際上有些許差別：

◆Wieso用來詢問一項行為的原因

◆Weshalb用來詢問一項行為的目的

◆Warum用來詢問一項行為的動機

了解了這些差異，你就會知道，為什麼我對這三個看似一樣的問題，會給出不一樣的答案。

然而差別並不僅在疑問詞本身。整句話的用詞，以及提問時的語調和抑揚變化，都會深深影響對方對問題的接收與詮釋。同樣一個問題，可能讓你充滿動力，也可能讓你動力全失；可能鼓勵人心，也可能挖苦嘲諷；可能是讚美的，也可能是批評的——端看你怎麼表達。比較看看以下五個例子。大聲把問題念出來，一次用嘲諷的語氣，一次用認真的語氣。觀察看看問題的意思各有什麼改變：

◆你的簡報怎麼會這麼成功啊？
◆你在簡報前可能沒有事先練習吧？
◆今天這場簡報是你做過最好的嗎？
◆你在公司從來都不需要做簡報嗎？
◆你的簡報風格是學川普的嗎？

若大聲唸出這些問題，你一定會發現，語氣和情緒不同，同樣一個問題給人的感覺也不同。光是語氣就能改變句意，這真的很有趣。而當然，這代表如果想要成功對話，不能只注意用詞，語調也很重要。

問題的意義：引導、提供資訊、使人注意到某事

你一定聽過這句銷售人員的名言：問問題的人引導局面。提問的人可以透過問題給予對方一個回答的框架，決定對話的主題。然而你也能透過問題提供對方資訊、挑釁對方、讓對方意識到問題，抑或找到雙方在對話一開始都不清楚的解決方法。

由於我們在潔白說話術的框架下，是想在開始說服對方之前先了解他，因此提問就能幫助你更認識對方的思維。學會SEXIER模型以後，你想必清楚知道，你的對話夥伴極有可能會在他論證過程中忽略掉某些元素。這時該怎麼做？

◆如果對方陳述的理由稍微短了些，你可以透過問題請他具體說明，例如「能請你再詳細說明一下嗎？」

◆如果他的論證裡少了實例，那就請他多補充，例如「有具體例子嗎？」

◆如果對方漏了關聯性，你可以問：「就你看來，這會帶來什麼後果？」

◆如果想讓對方思考一下可能的反對意見，「就你看來，這論點會遇到反對意見嗎？」等問題就很合適。

如你所見，這裡的重點在於，幫助對方依據SEXIER模型表達他的論點。如此一來，你才能完整理解他的思路，並接著用其他問題種類讓說服過程繼續下去。

不對等的發言比例與想說服別人的渴望

想說服別人的人，在對話中的發言比例恐怕會超過百分之八十。在這樣的情況下，提問——我們會在潔白說話術的第三支柱章節深入探討——就有活化氣氛、讓人敞開心胸的效果。你一定有過這種經驗：有人照本宣科地對你滔滔不絕，你的注意力就會逐漸下降，不想再想聽對方演獨角戲。然而如果某人向你提出好問題，那麼你就會積極地跟著一起思考、找答案，覺得在對話中有參與感。

提問能活化氣氛，在無聊的對話中，這個效果的重要性不容小覷。而具體該詢問什麼？是循問動機、作法、條件還是感受？答案同樣會在潔白說話術第三支柱的那個章節告訴你。但箇中道理我在這裡就可以先說：提出問題的人，引導對話；提出好問題的人，能理解對方；提出超好問題的人，能說服對方。

6 堅定對事，柔和對人

言行皆應謹慎。

——西塞羅

大部分的人遭受別人對自己的攻擊，很容易就受傷。不管我們想或不想，大多數人心性纖細敏感，多年後仍記得他人有意無意的言語攻擊。

因此，歷來的大思想家們都勸誡世人說話時要非常謹慎小心，不要低估言語的力量。耶穌會教士克勞迪奧・阿奎瓦爾（Claudio Acquaviva）曾經說過這句很棒的話：「對事果敢堅毅，舉止溫文儒雅。」此一想法現在因為談判協商領域「哈佛概念」的出現，更加廣為人知。提出哈佛概念的作者們，將這個（在我看來最重要的）溝通原則稍為更動成「對事果敢堅毅，對人溫文儒雅」[18]。

然而為什麼這個原則會這麼重要呢？不管在工作或私人領域，我們都不會去攻擊或羞辱人啊，但我們都沒意識到，自己其實經常會把矛頭指向對話夥伴。

為何要「柔和對人」？

現在我提供你三個日常生活中的例子。看了以後你就會明白，人與人之間的溝通交流與柔軟相差甚遠。自己感覺很正常的說法，卻常會激怒他人，對說服過程產生負面影響，而我們卻經常不自覺。

隱藏版言語攻擊1：這跟我們現在在談的事沒關係啊！

這句話經常聽到，但讓我們一起來分析一下。實際上我只想表達「對方的某個論點跟討論事項無關」。然而這句話同時還傳達出什麼呢？還傳達了：第一，我才知道什麼跟討論事項有關、什麼無關。第二，即使這一點對你很重要，但對我不重要，至少在這個討論裡不重要。

你真正的意思不是上述第一和第二，但這不重要，重點在於，這句話被對方理解成什麼。應該不難想像，你那句話很快會被對方解讀為：你高傲自大、自以為是。所以了，別指責某人說了不相關的東西。比較聰明的做法是，問他：「為什麼這一點對你來說跟談論主題相關呢？」

藉由這個問題，我們給予對方機會再加以解釋為什麼某個論點對他來說很重要——即使我們第一眼看來並不這麼覺得。

隱藏版言語攻擊2：你誤解我的意思了！

這句話更常聽到，其中也隱藏了言語攻擊。說這句話的我們，是在暗指對方沒辦法理解我們的優秀想法。當我們覺得對方誤會我，一般來說我們會再重複一次剛剛說的內容，而這又會讓對方覺得自己更為愚笨，或者就是覺得自己受到侮辱，因為你把剛才出現誤會的責任推到他身上。

好的溝通者會知道，把自己的想法用適當的方式表達出來，讓對方得以正確理解，這件事是自己的責任。因此上面那句話應該要改成：「我也許表達得不夠清楚！」這樣說，表示誤會發生的責任在我身上，也沒有暗地裡在攻擊對方。

隱藏版言語攻擊3：但這是錯的啊！

這句話也許是事實，但還是會傷害到對方。畢竟誰喜歡聽到自己說錯或做錯什麼呢？許多人很快會聯想到以前在學校的時候，無所不知的老師、教授們在那裡幫我們打分數。犯錯就代表要被扣分、會拿到爛分數。也難怪很多人聽到「錯」這個字就渾身不舒服。

況且，你也未必真的比對方還懂，世上很多事本來就可以有討論空間。因此說對方是錯的，不僅很傷人，很多時候也很不恰當。在我的工作坊上，當然也會發生學員針對我的問題給出錯誤或不適當答案的情況。他們會什麼會這樣回答呢？部份原因是他們有完全不同的世界觀，而更常見的原因是，他們嘴上說的跟心裡想的不一樣。所以可以再次詢問對方，看看他能否再多說明一點理由，讓我們能更了解他的想法。

若對方更進一步提出理由，而你從專業角度來看認為對方說的確實不對，那你可以稍微溫和一點地表達：「您說的東西聽起來非常合理，第一眼看來也沒錯，但如果讓我們看一下數據，那麼……」之後再做實質上的改正，當然不能有任何批評或得意洋洋的口氣。

另外，「不要」這個詞也屬於人們極不喜歡聽到的有毒詞彙。我們應該要盡力找到一個更柔和的說法來取代「不要」，這樣既能對某件事明確表示拒絕，但態度又能柔軟。假設有個同事請你告訴你主管說，他只是短暫外出，然而你知道他今天一整天都不會再進公司，等於叫你幫他說謊。當然你可以直接跟他說：「不要，我不會跟老闆說你暫時外出。我不會幫你說謊！」

「不要」總是給人粗暴強硬、冷酷無情的感覺。對被拒絕的人來說非常不舒服。那麼除了「不要」，還有什麼詞彙可以表達同樣的意思，同時做到對人柔和呢？你可以說：「原則上我不能欺騙老闆，希望你可以用別種方式處理這個情況。」

後面這個說法不僅沒有「不要」，而且還有一些正面語氣。所以了，試著捨棄「不要」一詞，並且留意看看，當別人跟你說「不要」的時候，你心裡會有什麼感受。

說服別人已經夠難了，如果還不小心把有毒詞彙丟給對方，他絕對不會被我們說服。因為人只服自己尊敬的人，不會服那些想要糾正自己、指責自己、高高在上的人。

最後還有三個我們幾乎每天都會聽到的隱藏版言語攻擊：

◆你說的是有道理，但是……
◆不要那麼認真嘛……
◆你先聽我說！

這三句話，每句都帶有負面意味。第一句話裡的「但是」一竿子打翻前面講的一切。第二個句子則是在告訴別人他應該要有什麼感受。第三個句子打斷對方說話。三句都是我們在生活中經常說的，但想藉由它們來說服別人，根本不可能。因為人一旦生氣，就連世界上最好的論點也沒辦法說服他。如果間接羞辱或激怒對方，就是發動了某種形式的戰爭，對方有可能會給你來記反擊的回馬槍。

總的來說，我們日常生活中的言詞充滿了隱藏版言語攻擊和有毒詞彙。在開始用論點說服某人之前，應該要先幫自己的詞彙進行消毒。

為什麼要「堅定對事」？

對人柔和，不代表阿諛奉承當個好好先生。在關係層面圓滑柔軟，還是可以在事情層面專注地往溝通目標前進，以成果為導向地進行對話。

大部分人在溝通過程中，不是同時對事對人都太柔軟，就是對事對人都太堅定。第一類人是牆頭草，第二類人則太過度有權威感或甚至獨裁。成功說服別人的秘密在於，要有意識地把「事」和「關係」層面清楚分開。

堅定以對事的意思是，提出你所有論點，就算對方試圖說服或操控，你還是勇往直前，為自己的想法奮戰到最後。可惜有些人如果沒有馬上達到目標，就會放棄溝通。這情況很常出現在我溝通課程的角色扮演裡。學員在我提出兩到三個異議之後，就直接放棄，停止說服我接受他們的好點子。

德文的「說服工作」（Überzeugungsarbeit）一詞意味深遠。它非常貼切，因為反駁異議、建構自身論點——還要用圓滑的說法，並總是柔和對人——這些都要花很多時間與精力。然而為什麼即使我們的論點比較好，說服別人還是這麼困難呢？

所有人，包括我和你，都有一套自己的價值體系。當我們遇到外界的新想法，很自然就會反抗，想捍衛自己的舊有價值觀。所以我們不想被說服——因為這樣我們就得費勁將某個新想法融入進自己的價值體系裡。新想法跟目前的價值體系差異愈大，就會愈想抵抗它的入侵。

「確認偏誤」這個心理學名詞很有道理。人會傾向於採用跟自己意見相同的資訊，閃避跟自身信念對立的想法。自身想法得到贊同，就是感覺比較舒服[19]。所以我們通常不能期望對方欣然被我們說服。

大多數人都堅信自身想法正確，否則一開始他們怎麼會培養出這種想法呢。因此，想成功說服某人，通常需要耐心，有時甚至還需要跟他談好幾次。因為在對方敞開心門接受你的論點之前，他經常會需要花很多時間思考，也需要多聽你提出不同理由。正因如此，我們必須要頑強堅定，不然就會太快放棄，永遠沒有成功說服的那天。

另外，我們還可以跟優良銷售人員學習。當然囉，銷售人員就是不斷地賣東西，這是他們的職責。而當你想用你的想法說服某人時，你某種程度上也是一名銷售人員，只是你不是在賣吸塵器或壽險，而是在賣你的想法。我承認，這個點子乍聽之下不太尋常，不過沒錯，你就是一名販售想法的銷售人員。天天如此。

那麼銷售人員擅長做什麼呢？非常簡單：在打每通電話或去拜訪每位客戶之前，他們會設定不只一個目標，而是至少兩個——一個最低目標和一個最佳目標。最低目標是你在跟對方交談之後（就算過程不順利）最少最少要達成的事，免得浪費時間。最佳目標則是你跟某人交談後期望能達成的最理想結果——也就是你們完全意見一致，兩個人都想付諸實行的情況。

最低目標可能像是銷售人員取得跟客戶見第二次面的機會，可以對產品進行更詳細的說明，最後成功把它賣掉。而最佳目標可以像是比如說，第一次見面就讓客戶簽字買單。每位優秀的銷售人員每次當然都會盡量達成他的最佳目標。但萬一不成功，還是會盡力至少讓最低目標實現。

你在跟別人對話時，也應該要這麼做。最低目標可以是，至少讓對方願意花時間靜下心來聽你說你的論點，想一想是否要接受。最佳目標可以比如說像，對方傾聽你的論點，最後認為你是對的，接著還付諸行動。

最低和最佳目標分別該怎麼設定，當然很大程度上是依情況而定。然而對事堅定的意思是，在進行每個重要的對話之前，明確立下這兩個目標，就算對方用其他事物想讓你分心、用言詞攻擊你，或長篇大論講廢話，你都堅決不放棄。對話前，將兩個目標寫在一張紙條上，這樣會對你有幫助。

因此，綜括以上，我們可以說：堅定對事，柔和對人的意思就是，在人際層面像個外交官，在內容層面像個大元帥。這是我認為最重要的溝通準則。愈能夠做到，就愈有機會成功說服別人。

7 重質不重量──先端出最好的

第一印象沒有第二次機會。

──佚名[20]

眾所周知：第一印象至關重要！然而大多數人認為第一印象指的是舉止態度。實際上它也跟內容與能力有關。換句話說：如果你從一開始就重視論點品質，而非僅是提出許多論點，那麼對方會更專注、尊敬地聽你說話，成功被你說服的可能性也就愈高。

為什麼重質不重量？

早在古希臘羅馬時期，人們就傾向以海量論點淹沒他人，以為這樣就是說服。

交談過程中，論點一個接著一個，讓對方完全沒有插話空間。兩千多年前，出現了也許是歷史上最重要的論證準則：

Argumenta ponderantur, non numerantur.

不能僅是把論點列舉出來，它們應該要有意義。

乍看之下，這似乎違背了前面我們在「人應該要結婚！」例子中的處理方式。然而除了找出十條不同的理由種類，還必須鞏固理由、把它們當作核對清單，在實際說服過程中只會拿出最好的那幾項理由。

準備過程中找到了十項理由，接下來重要的就是選出那項最好的，為它補充更多內容，深入分析，讓你的論點更有力量。這些還沒做之前，切忌匆匆忙忙地跳到下一項理由[21]。

真理高深莫測，這是希臘哲學家德謨克利特（Demokrit）的名言。論證也是同樣道理：理由闡明得愈深入，論點就愈真實有力。我把這種處理方式稱作垂直式論證，意即停留在同一種理由類型，對其進行深入分析，而不是從一個理由跳到下一個。

若有哪些理由類型缺乏好的解釋，那就放心地把它們刪去，而非把它們通通列舉出來，卻又講得很膚淺。這種不適當的處理方式我稱為水平式論證，意即在提出一項由之後，講沒幾句話，就跳到下一個同樣沒有深度的理由。優秀的溝通者知道：一個好理由，價值遠超過七個爛理由，因為爛理由只會削弱我們的可信度，沒有辦法說服任何人。

為什麼先端出最好的？

幾乎在每場培訓課程上，都會有人問：我要怎麼開始？關於這個問題，我已經給了一部分答案：先跟對方初步交談，讓你在過程中，透過真誠傾聽與聰明提問，確切找出：第一，對方的人格特質是什麼；第二，哪些理由類型與對方最切身相關。

找到上述的第一與第二之後，比方說你有三個好論點，應該從最有力的那個論點開始陳述。而為什麼從最有力的那個開始？不是應該把最好的留到最後嗎？我們在作文課不是有學過，撰寫論說文時要把最好的論點放在最後，讓文章結束在最高點，並藉此對讀者達到長遠的說服效果？

確實，許多寫作老師都建議把最好的論點放到最後，但在口頭陳述上，規則就完全相反。下圖清楚解釋了為什麼最佳論點該在論證的開頭提出。

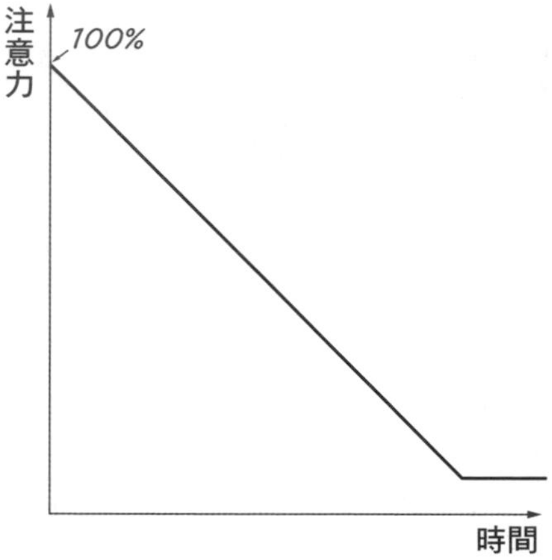

從圖中可以看到，注意力會隨著時間逐漸下降。你一定也有過這樣的經驗：會議或報告進行的時間愈長，就愈難專心。原因就在於，聆聽是件費力的事，聽久了會感到疲累。

了解這個道理，肯定就知道必須把最好的論點放在開頭，因為一開始注意力最集中。跟別人通電話或通電子郵件時，我同樣也會建議這麼做。剛開始人都是有好奇心的——如果先提出次級論點，使對方感到無聊，那麼一、兩分鐘以後，就不會有人想繼續聽我們說話或看我們寫的東西了。

因此，一開始就火力全開吧！這麼一來，對方也會認為你是個很有能力、很可靠的人，總是言之有物。

另外，「如何迅速切中要點？」這個問題，也是每場溝通訓練課程都會出現的經典問題之一。讀到這裡，你也許已經猜到我的回答：立刻端出最佳論點，就能迅速切中要點。就是這麼簡單。

到這裡你應該了解為什麼該捨棄爛論點，一開始就提最好的。然而在論證過程中，還是有一些經常出現的干擾因素要處理。這就是下一章的主題。

8 說服過程中的干擾因素

愈愛自己，就愈是自己的敵人。

——瑪麗・埃布納——埃申巴赫（Marie Ebner Eschenbach）

日常生活中，很難成功說服別人，因為會出現許多干擾因素讓對話無法理想地進行。有些因素跟我們自己有關，有些跟客觀情況有關，有些則源自對方。當然了，要把以下十項干擾因素完全去除掉，是不可能的，但這份清單能讓你清楚知道該注意些什麼，好讓說服過程更順利。

偉大的自我

你我有時都是傲慢的受害者。既然無法改變別人，至少要學著在對話過程中稍微放下一點自我。你有注意到，人很少對他人說「你說的完全沒錯」嗎？你有注意到，人很常用「但是」這個字眼開頭嗎？我們的文化習慣反駁別人，認為自己的論點比較優秀。這種情形在男人身上尤其常見。男人比較常會想主導討論、贏得討論。有時候我也是如此。然而，要如何抑制偉大的自我呢？

關鍵在於，搞懂這個道理：每場討論都是一個雙贏局面。意即，如果我的論點比較好，那在內容上是我贏。如果我的論點比較差，那我就贏得了新的知識，能夠修正我的觀念。換句話說：我說錯，對我來說甚至是一件有意義的好事，因為如此一來我能從討論中學習，變得比以往更聰明。

所以一切都是心態的問題。如果你真的保持這種雙贏心態，「你說的沒錯！」這句話就會變得很容易說出口。此外，你還會很高興，因為對方讓你吸收到新知。當然了，要做到這點，前提是你必須有開放的價值觀。不過由於你現在正在閱讀本書，也讀到了這裡，相信你一定會擁有重要、開放的價值觀。

即使你思索過十種理由類型、依據SEXIER模型建構論點，同時也視對方人格特質動態調整重點（關鍵字：紅／黃／綠／藍），還是應該做好「對方論點可能比你好」的心理準備。不過現在你知道了對方論點比你好，其實對你也有好處，所以希望你很快就學會克制「偉大的自我」。

對方的自我

不幸的是，在我們的文化裡，每個人都想說服別人，但很少人想被說服。什麼呢？因為，「被說服」和「失敗」連結在一起。也就是說，論點比較差的那個人，等於公開承認自己很弱很差。但沒人願意這樣。當代德國哲學家尤爾根・哈伯瑪斯（Jürgen Habermas）曾提過「較佳論證之非強制的強制性」這個概念——邏輯思維會在沒有任何身體強迫的情況下，強制使我們接受對方的較佳內容。

然而另一位德國哲學家叔本華也說得很準確[22]，即人類天生就固執己見，所以很少願意承認自己說的是錯的或對方的論點比較好。那些論證居下風的人，反而會覺得他們只是剛好沒想到更好的回答，只要有更多時間去搜尋網路，他們的論點就會發光發熱，成為這場討論的贏家。

叔本華一百多年前講的東西，在現代心理學裡稱為過度自信偏誤（Overconfidence-Bias），意即高估自身能力和論點品質。尤其從經驗來看，沒能力的人會高估自身的知識與能力，低估他人的知識與能力（達克效應 Dunning-Kruger-Effekt）。正因如此，說服沒能力的人，尤其困難（雖然客觀上他們的論點比較弱）。而因為他們沒辦法辨識出較佳的論點，也不想正視自己的失敗，他們的自我就會在你進行說服的過程中對你造成阻礙。

矛盾的是，理智、能幹的人容易說服得多，因為他們會更快速、更有能力理解對方論點的邏輯。不過我們通常沒辦法挑對象，所以常在說服過程中必須面對巨大的阻礙，就是對方偉大的自我。

固執己見當然是生活中嚴重的干擾因素之一。那要如何處理呢？可以減少嗎？這裡最重要的技巧又是：堅定對事，柔和對人。以下說法在生活中尤其有用：「我之前也那樣想，之後我發現實際上……」

這種措辭特別值得推薦，因為表現出自己之前也不知道正確情況為何。這樣謙虛的說詞，會讓對方更容易接受你的論點。

時間不夠

說服當然需要時間。提出好理由、好例子以及主張的關聯性，再反駁重要的異議，粗略估計就需要五分鐘。但其他人正忙得不可開交的時候，未必會有五分鐘聽你說。儘管如此，我還是很常看到有人想要匆匆忙忙地想說服他人。針對這點，我一律建議：如果對方沒辦法空出十五分鐘，那就晚一點再討論。

偶爾我會在培訓課程上聽到有學員說，現在想要主管或客戶給你那麼多時間，是不可能的一件事。然而你也不是每次的對話都是想說服對方，有時候你只是想告知他某些資訊——這可以迅速在兩分鐘之內完成，純粹傳達資訊不需要花很多時間。只有在你想改變對方意見、想說服他的時候，才至少需要十五分鐘的時間。當然十五分鐘只是最低門檻。我跟一位教練課客戶已經合作三年多，有時候說服他的時間也比我希望的還要長。這代表：除了論點以外，耐心有時候也是致勝關鍵。

當然有些時候是你自己沒有時間。當你發現對方想說服你接受他的意見，你又想以尊重的態度對待他，那麼就當個好人，留個之後的時間給他。尤其如果對方是外向、健談的人，十五分鐘絕對不夠。所以啦，好好思考你想把注意力和寶貴時間花在誰身上。

場所不佳

地點在說服過程中扮演了重要角色。在吵雜、紛亂的地方當然沒辦法進行，這很清楚。但也許你不知道：一般人上班的時間，平均有三分之一是在會議中度過的。而通常開會的時候真的很難說服某人。為什麼？

前面已經說過，每個人都想說服別人，但沒人想被說服。尤其當自己的論點比對方遜色的時候，更不想被說服，不想在公開場合沒面子。因此在會議上常看到固執捍衛自身立場的情況。

該怎麼解決？一對一談話。雖然一對一談話時，要讓對方贊同你還是很難，但並不是完全不可能，因為私下談或場合當中，少了他人的觀察、評價，他不用在與會者面前證明自己。所以如果你想說服某人，我建議在一對一談話時嘗試比較好，不要在會議上。

負面情緒

情緒影響著我們的想法與行為。老實說，我們每天、每小時，都會被小小惹怒無數次：同事還沒回覆我們急需的電子郵件、小孩早上太晚起床、太太又批評我的穿著、主管又打斷我說話……生活就是個地雷區，失望、憤怒、生氣、悲傷等負面情緒隨時引爆。

說服過程中存在的負面情緒，不管對你，或對你的對話夥伴，顯然都是沒有益處的。負面情緒讓人思緒混亂，無法理性客觀。而我們也無法主導對方的情緒。無論如何，我們不應該評價、不應該批評對方的情緒，這樣才能使情況改善，否則就只是火上澆油而已。難道對方聽見我說「你不要那麼認真嘛！」之後，就有辦法心平氣和地停止他的負面情緒？

當然不可能，因為當我們有負面情緒時，都會覺得自己的情緒有理由。你想溝通的人表現出負面情緒時，你切勿評價，反而應該要認真看待，因為這是一種提醒：對話正往錯誤方向前進。或者用另一種方式說：我們生某人氣的時候，就不會想被他說服。所以了，在繼續進行論證之前，首先必須修補關係——同理型或協助型傾聽會有所助益。參見第二篇的用心聆聽部分。

比起掌握他人的情緒，自己的情緒狀態當然更容易掌握。關於情緒控制（或情緒管理）這個主題，市面上有無數書籍可以參考。不過還是有一些非常簡單、有效的技巧，每個人都能使用。比如在一場重要對談開始之前，應該要有意識地觀察一下自己的情緒狀態。如果你（不管原因）充滿負面情緒，那麼最好把對談延期。如果沒辦法延期，那就應該做一些能讓自己心情變好的事。你可以依個人喜好，試著透過音樂、冥想、伏地挺身、散步、跟伴侶或好朋友通個五分鐘電話等等，讓自己的情緒正面一點。每個人都有讓自己情緒變好的方法。重要的是，要真的去做，不能只是暫時不去想負面情緒。

萬一你真的不知道哪些事情能讓你情緒變好，我建議你暫時放下這本書，想出五種不用太費力就能提升心情的方法，然後把它們記在手機裡。為什麼要記在手機裡？非常簡單：受負面情緒所苦時，通常很難從負面的情緒漩渦中脫身——有時會深陷恐懼、憤怒或憂鬱長達數小時之久。

多年的教練經驗告訴我，心情不好時，看一下手機裡這個小小的「迅速好心情」檔案（我喜歡這樣叫它），選其中一項出來做，會很有幫助。我提供一個我個人的例子：難過的時候，我會從我最喜歡的歌裡選一首出來聽，或者彈彈吉他。五分鐘以後，我的心情就會比之前好很多。手機裡存個「迅速好心情」檔案這個點子，一定要試試看！

身體狀態

身體狀態當然也會影響我們的說服表現。飢餓、口渴、睡眠不足、太冷太熱、喝酒或身體有小病痛的時候，當然都會影響你的精神狀態。

SEXIER模式、十大理由、真誠傾聽和聰明提問等技巧，通通需要高度專注力。唯有讓身體處於最佳狀態，方能在說服時（以及生活上的其他領域）發揮最佳表現。

地位與權力遊戲

現今是民主時代，照理應該要人人平等相待，但大部分人還是生活在階級制度裡。父母相較於小孩，管理階層相較於受雇者，富有國家相較於貧窮國家，隨處可見權力不對等。

法國哲學家米歇爾・傅柯（Michel Foucault）認為，每一段話語都是「權力話語」，意即話語體現了權力結構。乍聽之下這句話很哲學，但仔細思考一下會發現，每天都能觀察到：權力較多者較愛發言，說話時間也較長，而且他們也是決定對話地點、時間、長度，以及要、不要討論哪些主題的人。

如果你是主管（父母也算），不妨讓對方先說話，避免他被你的意見影響。許多人，尤其是追求和諧的「綠型人」，聽了主管的意見後會迅速放棄自己的立場（雖然他們的意見可能比較好，或可能有完全不同的新想法）。為了不要錯失這些優秀的想法，建議你當最後一個發言的人，尤其當你處於較高權力地位的時候。

然而如果對方（至少在形式上）比你有權力，又想跟你玩權力遊戲，那提論點就沒什麼意義，畢竟嗜權之人會不惜任何代價維持他的首領地位，根本不想被更好的論點說服。[23] 在此情況下，潔白說話術起不了作用。這時該動用暗黑說話術裡的三個操控詭計了，用暗黑溝通技巧影響這隻權力動物。

誤會與偏見

誤會也是說服過程中會出現的干擾因素。想減少誤會的方法之一是，一切重要的對話，都採取面對面進行。因為在數位時代，經常因為缺乏肢體語言和說話聲音來協助判讀一些理解對方所需的細節，從而使彼此產生誤會。

另一方面，誤會也可能來自於自己的定義與期望與對方不同。「更成功的」行銷活動、「盡早的」投資和「更大筆的」款項，都缺乏明確定義。所以你至少要把自己的核心概念定義清楚，對方講的內容如果有不清楚的地方，也要禮貌地詢問——最好是馬上問，因為我們不知道他接下來會不會解釋。如果隔太久才問，讓他必須回頭解釋前面某個部份，這樣會讓他感到不愉快。因此我建議，如果有不清楚的地方，直接詢問。

如果對方有偏見，當然也會阻礙你成功說服他，尤其如果對方只想選擇性地聽那些符合他自身偏見的東西。而且，人通常無法意識到自己的偏見，這就是為什麼「偏見」會這麼棘手。至於防止自己有偏見的最佳辦法，就是帶著同理心去聆聽對方說話，同時專注於他的想法和感受，盡量關閉我們自己的想法過濾器。

準備不足

一個好的棋手在對戰前，都會做好準備，了解對方的戰術；優秀的談判高手會事先推測對方的動機；績優銷售人員在開發客戶前，會盡量蒐集關於重要新客戶的一切資訊。同理，一位好的溝通者也會在進行說服之前，針對對話夥伴做好萬全準備。

這指的當然不是要為每段對話根據SEXIER模型擬定十種理由類型。因為光是要這樣做，就得花上超過一個小時去查資料和思考。然而如果某個對話對你極度重要，那麼我會建議至少花一小時進行準備。在重要對話前應該好好準備，這不是大家都知道嗎？所以我為什麼還要這麼說呢？

因為身為教練，我看到的經常又是另一種情況。有客戶會在重要報告或談判舉行的前一天晚上打電話給我，問我能不能最後再傳授他一些技巧。然而事實上我們都知道：那兩、三個好技巧永遠沒辦法取代細密周全的準備。為了讓自己有準備的動力，你可以想像一下：假如那場重要的談話失敗了會發生什麼事。若後果沒那麼嚴重，就不用那麼謹慎準備，因為真正重要的對話很少。不過對於少數那些真正重要的，當然就得做好萬全準備。

失去希望

缺乏毅力是最後一項在說服過程中經常出現的干擾因素。具體的意思是，當我們試著用論點說服某人，但第一次沒有成功，我們就會很快地放棄希望，覺得再也無法改變對方的看法。

然而銷售人員是怎麼說的？對方說不要，意思就是你需要再加把勁。也許你還沒找到適當的理由。也許忘了舉例。也許你沒說清楚關聯性，或者對方那天就是單純心情不好。失敗一次，不代表你永遠都會失敗。

我們應該要承認自己的論點不適合對方，而不要說對方「固執」或「難對付」。沒辦法成功說服某人，原因通常不是出在他身上。多數時候都是因為我們沒有提出深入的說明，或沒有注意聽，或提了錯誤的問題。但都沒關係！就再試一次就好，不要馬上放棄！

如同本章開頭所說：在充滿壓力的生活中，想杜絕上述所有干擾因素，幾乎是不可能的事。但刻意留意，並至少去除其中幾項，就會提高你成功說服對方的機會。

9

說服過程中的十大禁忌

無知之人的尖銳評價無人能及，他不知道理由，也不知道反對的理由。

——安瑟爾姆・費爾巴哈（Anselm Feuerbach）

成功說服也意味著避免錯誤。大多數人會不自覺地使用常見的謬誤，對自身說服力的損害極大。然而什麼是謬誤呢？謬誤是表面上看起來正確（實際上有破綻）的理由，雖然感覺很有說服力，但都有思維邏輯上的錯誤。

我已經在《操控與反操控》一書中說明了哪些常見謬誤適合用來操控他人[24]。然而謬誤並非只有在我們想操控他人時才會有意地去使用。相反的，至少有十種謬誤已經在我們的想法裡紮了根，使我們不自覺地經常使用，並無意間削弱了論點。下列十項假性理由，最好完全從你的大腦中排除。

禁忌1：傳統論證

傳統論證的結構如下：「這個我們一直都是這樣做的，所以應該要維持一貫有效的作法！」這句話我一個星期至少會聽到一次，保守的人最愛說。

為什麼它是一種謬誤呢？一直都來都是這樣做，不代表現在這樣做就是最好的選擇。新的科技或思維可能會是更好的解決方式。因此，把這個邏輯上的錯誤推斷逐出大腦吧！

禁忌2：多數論點

多數論證的結構如下：「大多數人都抱持這個想法，所以這個想法就是對的。」

為什麼這是謬誤呢？多數人說的，不一定就是對的。就算是多數，還是有可能會弄錯，歷史上有很多這樣的例子。為了避免此類群體思考，再提供你一句馬克・吐溫的名言：

「當你發現你跟大多數人站在同一邊，就該停下來反思一下自己。」

禁忌3：權威論點

權威論證的結構如下：「因為那位富有聲望的X教授這麼說，所以就是真的。」

為什麼這是謬誤呢？非常清楚：權威人士也可能是錯的。某人是教授，不代表他就不會犯錯。應該去找數字、資料、事實來證明自己的觀點，而非有名望的大人物。

禁忌4：循環論點

循環論點意指主張和理由一模一樣，舉個例子：「運動很健康，因為運動有促進身體健康的效果。」

為什麼這是謬誤呢？因為循環論點裡的理由，就只是用稍微更動過的說法把主張重複再說一次而已，並不是真正的理由。沒有理由就不是論點！

禁忌5：人身攻擊

遺憾的是，對他人人身攻擊、侮辱和毀壞名譽，在日常生活中經常發生，常因此導致棘手的衝突。這裡我不舉例了，因為我們都清楚人身攻擊是什麼樣子。

為什麼這是謬誤呢？因為在人身攻擊時，針對的不是事實（訴諸事實，ad rem），而是離開事實層面，在關係層面上對他人無禮（訴諸人身，ad hominem）。這就跟理性說服大相徑庭了。

禁忌6：情緒勒索

情緒勒索也是謬論的一種，意即有意或無意引起他人的恐懼、羨慕、敬畏、優越感、好感等等。日常生活中會出現的例子像是：「如果你愛我，你就要……」以及「如果你……，就麻煩了。」

為什麼情緒勒索算謬誤呢？因為訴諸情緒的說詞裡，從來沒有提供真正的理由。它的目的只是要蒙蔽理智。有時我們會刻意挑釁某人，讓他沉不住氣，自己說錯話或做錯事，好讓我們把那些說錯的話或做錯的事當成策略，反過來運用在他們身上。然而用情緒來征服他人明顯屬於操控範疇，不該在公正的說服過程中發生。

禁忌7：舉證責任倒置

與法律相同，論證的原則是，提出某個主張的人，自己必須要能給出理由。遺憾的是，我們在日常生活中經常聽到（有時自己也會說）類似以下這句話：「那你證明給我看它不是這樣啊！」

為什麼這是謬誤呢？比方我主張占星學是門科學，你對此提出質疑，我的情緒可能就會激動起來，要求你證明占星學不是科學。但這樣其實是在要你自己去研究占星，並證明其不具有科學性。這幾乎是不可能的一件事。就像這個問題：你能保證不會馬上有架飛機掉在屋頂上嗎？飛機掉下來的可能性當然極低，不過沒人能百分之百保證不會發生。因此，若想以正派的方式說服他人：你提出了一個主張，就得自己為其提出根據。

禁忌8：先驗論

認為某件事千真萬確、不可動搖，卻給不出任何理由，這也是一項普遍但鮮為人知的謬誤。某人從一開始就認定自己的說詞千真萬確，不覺得有去探究事實、予以證明的必要。

會犯下這種錯誤的不僅是初學者。著名哲學家如柏拉圖、奧古斯丁、黑格爾和康德都視某些「真理」不證自明，提出時並未說明理由。先驗論最有名的例子是美國獨立宣言的前言當中說：「我們認為以下真理不證自明：人人生而平等，造物主賦予他們若干不可剝奪的權利，其中包含生命權、自由權和追求幸福的權利。」[25]

然而這些權利真的不證自明嗎？確實有那麼一位造物主嗎？人確實生而平等嗎？每個人都擁有這番話當中提到的權利嗎？應該要知道，雖然我們認為自己的某些信仰顯而易見且真實，但這並不代表對話夥伴同樣也這麼認為。因此我建議，就算是基本觀念，也應該提出根據，避免自說自話。尤其身處在一個每個人都擁有自身真理的世界，最好要為自己心中最重要的幾個信念準備好理由。

顯而易見、不證自明的真理，都是主觀上的感受。在潔白說話術的框架下，我們是想用好理由說服別人，而非如同獨立宣言般莊嚴地宣告自己的主張。

禁忌9：實例論點

另一個常見的謬誤是實例論點，意即我們會用一個適合自己的實例來論證，並且覺得這個實例足以支撐我們的主張。然而實例永遠無法取代理由。例如這個說法：「沒有大學文憑還是能非常成功，看看賈伯斯！」

為什麼這是謬誤呢？例子當然可能是對的，但每個例子也都會有一個以上的反例，對話夥伴只需要單單一個反例就足以推翻你的論點[26]。

實例論點受人歡迎的原因是，提例子比提抽象的理由還要容易。不過沒理由就不是論點。所以了：一定要先尋找穩固的理由，接著再加入實例，當成加分元素。

禁忌10：道德綁架

所有理由中，難度最高的是道德型理由。道德型理由與道德綁架的差別主要在於，前者不僅代表某些價值，還能為那些價值提供依據。某件事在道德上是對的或錯的，雖然我們都有直覺，不過每個人的道德直覺都大不相同。你我可能不是道德哲學家，因此道德型理由就會讓我們覺得難度最高。

格奧爾格・畢希納（Georg Büchner）的戲劇《沃伊采克》（Woyzeck）裡有句話說：「道德，有道德的時候就是道德。[27]」這是一句空話，不斷重複同義詞，卻諷刺地點出：人的道德觀通常內容空洞。

我有一位課程學員想說服她主管，把同事們聖誕節時捐的錢，其中一半拿去捐給需要幫助的動物，而不是通通都捐給需要幫助的人。她堅信，基於道德理由，人類不是世界上唯一的物種，動物也必須得到幫助。但她的建議被主管當成耳邊風。我在課程上問她「捐給動物」的理由為何，她說：「基於道德理由，我們也必須要幫助可憐的動物，這大家都知道啊，不需要理由！」

相較這種道德綁架，主管可能更需要一個道德型理由。但由於學員沒有告訴他理由，所以建議就被拒絕了（對我來說不太意外）。為什麼我們必須幫助動物？因為動物也有感知？因為我們沒有比動物好？因為我們強者對弱者有責任，不得濫用自身權力？這些都可能成為成功說服他人的道德型理由。相反的，用可憐語氣說出口的道德綁架，通常都是情緒化主張，只會讓我們迅速被拒絕。換句話說：少一點情緒，多一點理由。

說服過程中的十大禁忌

1. 傳統論點
2. 多數論點
3. 權威論點
4. 循環論點
5. 人身攻擊
6. 情緒勒索
7. 舉證責任倒置
8. 先驗論
9. 實例論點
10. 道德綁架

10

說理與操控的界線

人不一定是表面上看起來的樣子，但真實的他們很少比表面好。

——萊辛（Lawrence Lessig）

論證修辭學的奠基者亞里斯多德也必須承認，除了理性論證以外（喻理，logos），還有另外兩種說服方式，即說話者的人格特質（喻德，ethos）以及說話者使聽者陷入某種情緒的能力（喻情，pathos）[28]。

雖然亞里斯多德也認為論證是最重要的說服方式[29]，但他也承認，說話者的名聲以及情緒都可能在說服過程中扮演重要角色。而我們馬上就會看到，這三種說服方式跟操控之間的界線很模糊。

真實論點與虛假論點

在上一章中，我們認識了十項重要的謬誤。如果想用實在的方法說服別人，那些謬誤就必須避免。因為在潔白說話術裡，我們的任務不是勸說或操控，而是找到令人信服的論點，並接受對方更好的論點。

如同亞里斯多德早於兩千多年前所寫，我們的任務是，分辨出真正可信與那些僅看似可信的論點[30]。另外當然也要留意對話夥伴是否使用謬誤，並於必要時進行反駁。

真實名聲與虛假名聲

我們的名聲愈好，論點在對話夥伴眼裡就顯得愈可信。亞里斯多德認為，讓人產生信賴感的原因有三[31]：

聰明——因為笨蛋說的話不會有人相信

品德——因為壞人說的話不會有人相信

親善——因為敵人說的話不會有人相信

除了這三項原因之外，還可以再加上有把握和自信，因為相較於自信的人，猶豫不安的人比較沒辦法得到我們的信任。因此，全世界才會每天都有成千上萬的人在上演說課程，訓練自己的肢體語言和說話語調，信心十足地上場。

不過相較於論證能被檢驗，名聲的真實性就沒那麼明確了。我們可以用一些快速搜尋到的數據和術語讓自己聽起來很聰明，也可以假裝自己品德很好、很友善，同時也可以在工作坊上訓練自己在一無所知的情況下自信登場。可是我們沒辦法確定某個人的名聲是真實還是裝出來的，所以建議專心聽他說話的內容——也就是論點——並且去分析。因為那些才是能被檢驗的。而我們自己也應該在潔白說話術的框架下，訓練並持續精進自己的論證、傾聽以及提問能力，不該用頭銜、成就和其他權力象徵來妝點自己。

真實情緒與虛假情緒

前面我們已經提過，負面情緒會干擾說服。但重點當然也不僅是負面情緒，另外還有：不同情緒會導致不同的判斷。

亞里斯多德好像很喜歡3這個數字，因為他說，在對對方訴諸情緒時，必須注意三件事[32]……

1. 對方目前的情緒狀態（例如：憤怒）
2. 他對誰有這樣的情緒（例如：對聯邦政府）
3. 會出現這項情緒的理由（例如：未將允諾的改革付諸實施）

厲害的亞里斯多德當然又說對了。在論證過程中，要考量對方的情緒，才容易成功。特別是前面提到的「綠型人」和「黃型人」，他們很容易被自身情緒牽著走，而非理性論點。至於理性的「藍型人」和「紅型人」，情緒至少在有疑慮的情況下會起決定性作用。

換句話說：在對話開始之前，就要弄清楚對方處於何種情緒，又為什麼會處於這種情緒，然後再視對話目標的不同，對其情緒進行強化、減緩或轉移。

不過，你可能已經猜到，這種處理情緒的方式在實務上不僅很難辦到，同時也跟前面虛假的名聲一樣帶有操控意味。雖然可以透過引導對方情緒使他做出某項決定，但如果可以就事論事地引導，為什麼要用到情緒呢？這裡我同樣也呼籲，用更好的方式論證、更仔細傾聽，並提出更好的問題，就事論事地說服他人，不要操控。到這裡為止是潔白說話術的十大技巧。接下來，是時候詳細認識潔白說話術的三大支柱了。

第二篇
潔白說話術的三大支柱

潔白說話術的三大支柱

如同本書開頭所述，一位有說服力的溝通者特別會有三種能力：

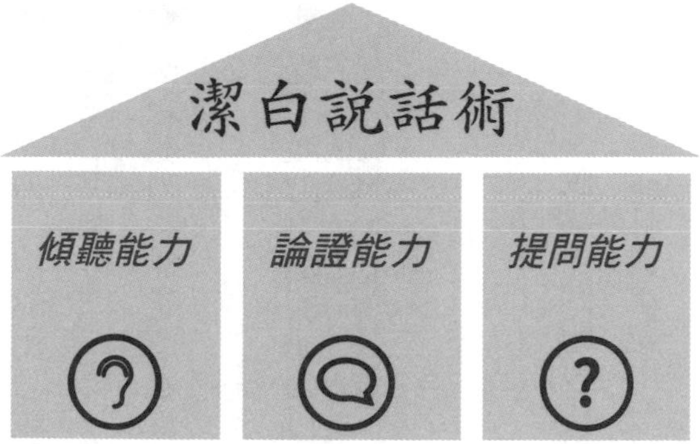

◆論證能力：他能用有說服力、理性的論點陳述自己的想法，並就對手的反面論點給出適當的回應（支柱1）

◆傾聽能力：他能透過真誠地傾聽了解對手特別重視的面向及其價值觀（支柱2）

◆提問能力：他能藉由目標明確的問題得到目前仍缺乏、但對說服過程至關重要的資訊，並讓對話往有建設性的方向前進（支柱3）

然而日常生活中的情況又是如何呢？我們經常用簡單的主張取代論點，僅用省電模式聽別人說話，問題也提得很少，或甚至完全不發問。因此理性的說服當然就不可能發生。而且我承認：想說服某人，除了上述三種能力以外，你還需要耐心、耐心、耐心。

因為說服這件事在日常生活中無法順利進行，很多人會有意無意地採取操控手段，依個人偏好訴諸情緒、提供既定事實或做出虛假的讚美，以贏得對方的好感。

無論年輕人或老年人都普遍會採取操控手段，其原因有三：第一，人不喜歡被說服，而且在對話進行中或結束後，會覺得自己說的是對的，雖然論點明顯比較差。

第二，操控手段迅速又直接。不知道自己正在被操控，也就沒辦法防衛。論證的方式是透明、公開的；反觀操控者，則會仔細藏好謬誤與言語詭計，因為他的目的是讓對方在完全沒發現的情況下，掉入自己設下的陷阱。

第三，說服要花時間。在快節奏的日常生活中，我們不想拿出那麼多時間聽人說話。

這三點理由讓操控術非常有誘惑力。然後這種背地裡影響他人的行為並不是很光采。為了自身利益，把他人當成棋盤上的一顆棋子利用，雖然能讓自己在職場或私人生活中更成功，但如果在操控過程中，蓄意或不小心對他人造成損害，就是一種不道德的行為。針對操控的不道德性，我已經在另一本書詳細說明過[33]。而你不需要是個大哲學家就能看出，操控術裡的溝通策略不是在說服別人，而是默默地引導他們。

看到這裡，相信你一定想深入了解潔白說話術的三大支柱。我們就從第一個支柱開始吧，也就是用更好的方式論證。

1

潔白說話術支柱一：更好的論點

人通常比較喜歡被自己找到的理由說服。

——布萊茲・帕斯卡（Blaise Pascal）

一個好論點是由哪些部分組成？這個問題已存在兩千五百年之久。由於提出論點是說服別人的重要方法，我在過去十五年間，致力於尋找適用於所有職業的完美論證模型。我讀了許多書、上了許多課，幾年後我發現，根本沒那麼多人在探討論點的組成要素——唯獨一些例外，我將在本章一一介紹。

一個好的論點是什麼樣子？

論點是讓有疑慮之事能獲得可信度的理由。

——西塞羅

我們從最源頭開始：論點這個東西是誰發明的？最好的論證模式又是什麼樣子？以下我會介紹五種論證層級，並透過誇張的主張來說明各種論證模式（用聳動一點的主張來學習論證，是最好的方式）。說不定你會被我說服：臉書會讓用戶產生嫉妒心、義務教育應該廢除。

不過，在開始講這些例子之前，先讓我們快速看一下論證的過去。

論證簡史

被說服的人，不會覺得說服人是件困難的事。

——席勒

你可能已經猜到，古希臘人除了民主和代數學以外，還發明了論點。論點開始於西元前四六六年敘拉古人結束暴政之時，古攝政王的遺產需要重新分配。在後來的許多民事訴訟裡，人民必須以和平的方式說服法官，為什麼一部分的遺產屬於自己。

但是要如何在法庭上說服法官呢？歷史上頭兩位修辭老師柯拉克斯（Korax）和泰西亞斯（Teisias）將所謂的「可能性證據」傳授給人民。自己提出法律上的請求，若沒有明確證據，那麼在法庭上至少要把這個請求說得可能、可信，以增加勝訴機會。雖然柏拉圖、亞里斯多德和西塞羅都證實柯拉克斯和泰西亞斯是首批論證模式的創始者，但他們的可能性證據具體內容是什麼，可惜並未流傳於後世。

柯拉克斯之後大約兩百年，史上最具影響力的哲學家之一，亞里斯多德，開始深入探討「好論點」的組成。他建立了第一個全面性的論證理論，並以現今已無人知曉的省略三段論（Enthymem）概念來稱修辭性論點。然而在他的修辭學和哲學著作裡，皆未提及其修辭性論點的具體結構。但亞里斯多德清楚建議：應該刪去眾所皆知的前提，僅從普遍認可的句子中導出結論，避免聽者感到無聊[34]。

關於亞里斯多德的省略三段論，這裡有個日常的例子：「我們今天不去健行，因為下大雨。」嚴格來說，要讓這個論點合乎邏輯、具有說服力，還缺了一個前提：「如果下大雨，我們就不去健行。」

然而什麼叫作「合乎邏輯、具有說服力」呢？根據古典論證理論，合乎邏輯的結論是以兩個前提為基礎（所謂的直言三段論）推導出的結果。或者套句亞里斯多德的話：「直言三段論是其中一個命題（結論）必然從另外兩個命題（前提）得出的一種推理[35]。」

古典直言三段論形式的論證如下：

前提1：如果下大雨，我們就不去健行。

前提2：正在下大雨。

結論：我們不去健行。

直言三段論最棒的地方在於，如果接受前面兩個前提，就必須接受結論。

然而這個嚴格合乎邏輯的論證在日常生活中其實很少見，因為前提大家都知道，還要再把它們提出來，實在是太麻煩。所以在日常生活中，如亞里斯多德所說，我們不採用嚴謹的直言三段論，而是修辭性論證（省略三段論），有時我們還只會提出一個前提。舉個例子：「再讓我一大早看到那個小鍾的那張屎臉試試看！」聽者能憑藉歷史脈絡，以及說者的負面語氣，很直覺地理解以下直言三段論：

前提1：看到別人擺張屎臉，我就會很不爽
前提2：小鍾早上就在那裡擺張屎臉
結論：小鍾一大早就讓我很不爽

不過省略前提當然也有缺點：聽到我們的論點以後，聽者可能會自己做出某些詮釋，雖然我們根本沒有那個意思。但論證除了「能夠」讓他人理解以外，也「必須」讓他們理解。

就這方面來說，在十大技巧那章介紹的SEXIER模型就優於省略三段論，因為SEXIER模型較為清楚詳細。尤其如果前提對於對話夥伴而言並非不證自明，就需要詳細解釋，因此省略三段論特別不應該適用於爭議性主題與主張之上（例如：「人應該結婚嗎？」或者「開放式關係是更好的關係形式嗎？」）。

雖然我也很尊敬亞里斯多德，我還是不推薦你使用他的省略三段論來針對具爭議性的主題進行複雜的論證，因為——與SEXIER模型不同——具體的例子、具體的效應以及可能的反面論點，在省略三段論中都沒有提到。

古羅馬時期最著名的雄辯家西塞羅也深入研究了好論點的卓越之處。如同亞里斯多德，西塞羅也替他的論證結構創造了一個概念，並將其稱為Epicherem。根據Epicherem，每個前提都必須有根據（至少，當這個前提未獲普遍接受的時候，需要有個根據）。舉個例子：

【範例】

前提1連同理由：所有人都會死，因為身體器官會隨著細胞再生功能退

化而逐漸衰竭[36]

前提2連同理由：蘇格拉底是人，因為他的父母同樣也是人

結論：因此蘇格拉底也會死

如你所看到的，Epicherem是以直言三段論的邏輯形式為基礎（而西塞羅也像亞里斯多德一樣，建議省略眾所皆知的元素），因此我們也可以把上述例子中第二個前提的理由刪掉[37]。然而對日常生活來說，西塞羅的處理方式同樣不理想，因為實例、關聯性和反面論點並未納入其中，但這些元素對於提高說服力，實屬必要。

中世紀幾乎沒出現新的論證理論，直到二十世紀才出現了由史蒂芬・圖爾敏（Stephen Toulmin）所提出、確實適用於日常生活的實用論證模型。根據圖爾敏模式，論證包含六種元素[38]：

主張（Claim）：待證明的命題

資料（Data）：支持主張的數字、資料與事實

保證（Warrant）：推論準則，意即可以用來表示主張為真，或至少有可能性存

在的理由。稱它推論準則的原因是，我們藉由它從資料推斷出結論

支援（Backing）：支撐推論準則，也就是理由的理由，讓推論準則更合理

反駁（Rebuttal）：例外條件，意即主張不成立的情況

限定（Qualifier）：概率值，也就是對某個主張的肯定程度（大概、極有可能、近乎確定、非常確定）

這些元素乍聽之下有點抽象，但其實很容易說明。以下為圖爾敏自己提出的例子[39]：

【範例】

主張：哈利有英國國籍

資料：哈利在百慕達出生

保證：因為在百慕達出生的人一般都會有英國國籍

支援：根據以下法律以及其他法規：（列舉出來）

反駁：除非他父母都是外國人／除非他取得美國國籍……等等

這個例子說明了如何在生活中使用圖爾敏模式——無論你在哪個行業工作。這正是這個論證結構出色的地方：清楚、明瞭，而且應用範圍廣泛。相較於SEXIER模型，圖爾敏的模式因為有反駁這個元素，而變得更加穩固。而圖爾敏在「資料」這個部份其實可以理解成實例，所以圖爾敏模式跟SEXIER模型很接近，只缺了與對話夥伴的關聯性以及關聯性的理由和反駁異議（反駁重要的反面論點；圖爾敏模式裡的反駁指的是例外條件）。

了解圖爾敏模式後，你會明白，我們平常使用的論點只有在極少數的情況下是真實的，大多數論點都只是可能而已。比如說有大學文憑的人雖然有極大可能不會失業，但我們不能宣稱每個有大學文憑的人都絕對找得到工作（大學畢業生的失業率通常是百分之二到三）。

這又回到前面提過柯拉克斯和泰西亞斯的可能性證據：如果沒有確鑿的證據，那就只能以可能性來進行論證。唯獨在數學，才能建構出百分之百正確的證明。但由於我們大部分都不是數學家，所以不用追求百分之百確定。

在法庭上也是如此：證人或鑑定人陳述證詞，最理想的情況就是他們很可能或極有可能說的是真話。法官很少會百分之百相信證人沒說謊，或鑑定人沒弄錯，除非手上握有確鑿的客觀證據，得以證明他們的說詞為真。

當我們意識到百分之百確定的真實幾乎不存在，就可以得出兩個結論：第一，做人應該要謙虛一點，不能自以為是地覺得自身信念的正確性無可動搖。人永遠有犯錯的可能。第二，即使對方把論點說得很好，還是必須一直保持批判性思考。因為那些論點只是有正確的可能，絕大多數情況下並不一定正確[40]。

日常生活中會這麼難進行論證的原因，除了不知道事實為何，沒辦法百分之百確定事情的對或錯以外，另外還有，不同領域對論點的要求各不相同。

圖爾敏認為，論點「取決於領域」[41]：依職業領域的不同，同樣一個論點，可能在某個領域被視為有說服力，在另一個領域就被認為毫無事實根據。譬如對沒有法學基礎知識的建築師或工程師來說，指明簽訂合約裡的附加條款已經足夠。但法律工作者就會另外去檢查合約條款是否符合民法的規定，也會研究聯邦最高法院有關爭訟事由條款的判例，以找到對自己最有利的詮釋。

除此之外：對方擁有愈多某個領域的專業知識，提出的論點就必須愈精確、愈講究。這跟理由的深度尤其相關。如同我們在前面SEXIER模型部分所得知，理由的深度是論點的核心。

以上提到的直言三段論、省略三段論和Epicherem，你可能是第一次聽到。接著，你應該會想知道要如何分類這些論證結構，以及哪種論證模型又最有說服力。針對這些問題，我以下想介紹論證的五個層級。層級愈高，就愈有說服力。

論證五層級

第5級　12模組模型
第4級　SEXIER模型
第3級　圖爾敏模式
第2級　3-B模式
第1級　簡短理由
第0級　單純宣稱

主張在對方看來愈有爭議、愈跟他的觀念不一致，用來說服他的論證層級就要愈高。我們先從最低層級開始，也就是第0級。

第0級論證：單純宣稱

我們活在一個宣稱社會。意思是，許多人雖然堅持己見，卻不一定有能力為自己的想法提出根據。換句話說：我們會直覺認為自己的很多主張是正確的，但對其中許多主張卻又提不出合理的論點。

論證0級就是如此，單純地宣稱某事（通常是情緒性、篤定地），而非提出論點。你們可以留意一下那些政論節目或職場上的人有多常處於論證0級。真的很令人大開眼界。那些人雖然很有自信地說出自己的意見，卻完全沒說明理由，這情況真的多到讓人不敢置信。舉個例子：「我堅信在家工作的人比較沒生產力！」

這句話乍聽之下雖然很有說服力，但實際上並非如此。「聽起來有說服力」和「真的有說服力」這是兩回事。就像擁有權利和得到權利一樣，也是兩回事。儘管如此，我們還是會聽信那些說話很有自信的人，因為我們覺得，他們這麼相信某件事，把那件事如此清楚明確地說出來，應該就是對的。但事實上我們必須養成一個習慣：留意理由品質！因為理由的品質，而不是說話者的態度有多自信，決定了說詞的品質。

在論證0級還要特別注意的是，常有人使用循環論證。如同前面十大技巧那章所描述，循環論證的意思是，用換句話說的方式或沒有實質內容的強調語氣，把自己的主張再重複一次，當作理由。前面那句話，在日常生活中，可能還會再加上循環論證，例子如下：「我堅信在家工作的人比較沒生產力！因為在家就是沒辦法有生產力！就是這樣！」

第二句話當然不是理由，只是換另一種方式把主張再重複一次，也就是循環論證。而第三句話：「就是這樣！」也不是理由，只是強調語氣，沒有實質內容，沒辦法用它來證明主張。

然而我並不是完全排斥論證0級，因為單純宣稱某件事、不說明根據，在某些對話情境裡能幫助你弄清楚對方是否跟你持相同意見。如果對方聽到前面那句話之後，回：「我也覺得在家工作超級沒效率」，那你就知道不用繼續說服他了。因為已經被說服的人當然不用再說服。也就是說：如果想知道對方是否跟我們持相同觀點，可以就從簡單的主張開始，看看對方會如何反應。

第1級論證：簡短理由

我在日常生活中最常遇到的，是論證1級，說話的人頂多提出兩、三句薄弱的理由。但想說服立場不同的人，只用兩、三句話是不可能成功的。同樣用上述例子來說明：「在家工作的人比較沒有生產力，因為私事可能會讓他們分心。除此之外，老闆也沒辦法進行控管，這樣會沒有紀律。」

這是一個有說服力的論點嗎？說話的人已經提供了兩個簡短理由：私事分心、沒有紀律。但真的是這樣嗎？我們很容易可以質疑說，在辦公室工作的人同樣經常分心，而且，有沒有紀律，跟主管離我十五公尺或十五公里無關。所以前述的兩點理由必須再更深入，以說服抱持懷疑態度的人。

另外，上述例子其實就是省略三段論。兩個前提是：其一，在上班時間因為私事分心的人比較沒生產力。其二，如果沒人在控管，人就會沒有紀律。如果把這些前提講出來，並說明其根據，那就變成西塞羅的 Epicherm，比上述例子中只提了兩個簡短理由的省略三段論更具說服力。相較於論證0級，有省略三段論或Epicherm的論證1級當然已有顯著進步。

論證2級：3-B模式

我已經在前面十大技巧章節介紹過3-B模式。3-B模式包含了主張（Behauptung）、理由（Begründung）和實例（Beispiel），在論證理論上比論證1級更高階，尤其如果理由至少有十句話、實例至少五句話，因為深入的理由和生動的實例更能對聽者產生說服效果。

實例（也可以是個人經歷）能讓對方更有記憶點，同時又比抽象的理由更容易理解，因為我們的大腦喜歡具體的東西。我仍然清楚記得，有一次辯論賽，我演說完以後，一位我不認識的辯論者跑來對我說：「嘿，你就是那個說蘇聯因為沒有衛生紙，所以人民都用共產黨報擦屁股的人，對吧？」

交談過後，我們驚訝地發現，他說的是多年前的一場辯論，我們兩人都已經想不起來當年辯論賽的題目是什麼了，但那個共產黨報擦屁股的例子，卻整整六年都留在他的腦海裡。我們經常遺忘理由，但很少遺忘好例子。例子最好要生動鮮明。為了讓對方記得你說了什麼，我建議可以提及某個非比尋常的事件、某個出乎意料的轉折，或某場激烈的衝突。在給例子的時候，當然也該確保其合適、支持我們的主張。例子除了故事要好以外，還必須有論證上的關聯性。

講到例子，我想提供你一個主題為臉書的論證實例，我在裡頭使用了3-B模式。

【範例】

主張：應該關閉臉書！

理由：每個人在臉書上展現的都是自己最好的一面。自拍、去異地度假，還有跟最好的朋友在酷炫酒吧開派對的照片。每個人都心情絕佳。每個人都看起來快樂無比。每個星期又有一些其他朋友發新照片，說他們又做了多了不起的事。登入臉書的時候，我們自己通常是被工作壓得喘不過氣。我們人生中大多數時間都在工作——永遠都有事情待辦。然後一登入臉書，就看到朋友們那些快樂、經常完美加工的照片！這會讓人產生什麼感覺呢？當然是羨慕！我朋友在西班牙——而我得為了最新企劃案加班。我最好的朋友去巴黎十天——而我得在這裡處理成堆的電子郵件。

因此，臉書持續不斷地在製造嫉妒。總是看到朋友在做更有趣的事，幾乎沒人會把無聊的生活發佈上去，總是會有人想展現比別人更酷的一面。每個人都不斷地在比較，然後嫉妒那些看起來擁有快樂人生的朋友。四百位朋友裡，總有人在做比自己還酷的事。比較愈多，產生的嫉妒就愈多。

因此，關閉臉書才是明智之舉。如此一來，就不會每天都在跟別人比較，也不會總是覺得自己的生活很無聊，趣事發生的機會少之又少。即使我們自己還是有機會去做些超酷的事、想跟朋友炫耀的時刻——即使人在這些時候會感覺超級好，因為終於比別人做了更棒的事——即使如此，還是應該關閉臉書。因為這些勝利之日，相比於一年三百六十五天，完全只是例外。也許某些日子感覺良好，但一年當中的大多時候，都是「輸給」那些比起自己，正在做某些更好玩的事的人。

實例：我在美國生活的時候，有一次發了一個我覺得超酷的東西。那是一張我跨過馬拉松終點線的照片，加上一小段描述馬拉松有多累的文字。短短幾個小時以後，我驚訝地發現，我的一個臉書好友同一天跑了一個橫越加州的超級馬拉松——不是四十二公里，而是整整一百公里！橫越沙漠！當時我沒拿到什麼讚，但那位朋友的超馬照片，驚人地拿到六百五十個讚！雖然我完成了一件很棒的事，但相較於那位跑超馬的朋友，簡直就像個笑話！我超級嫉妒他，還有他得到的讚。幸好我關閉臉書了——從此之後，整個人比較放鬆，不用經常需要克服嫉妒的感受！

如同你在上述例子看到的，理由（超過二十句）占的篇幅，比實例（八句）還大。實例只要起到輔助效果即可，理由才是論點的核心，所以比重才會有所不同。同時我也想藉由這個稍微詳細一些的例子再次提醒你，理由應該要是垂直型，也就是選定一種理由類型深入分析（上述例子裡我選了情緒型理由類別）。

如果以水平方式呈現理由，即依第1級論證的形式提出幾項簡短理由（例如經濟型、實用性和利己性），理由就會相對薄弱。我們已經在前面說過，一項垂直型理由會比三項水平、膚淺的理由更容易說服人，因為水平型理由反駁起來很快、很容易。記得：論點的強度也取決於理由有多容易被反駁，而簡短理由反駁起來特別容易。

再回到例子的重要性。好例子格外寶貴，因為能激起聽者的情緒。理由具分析性，而且抽象，出色的例子則能讓聽者與主題產生情緒上的連結。前面提過，亞里斯多德認為，除了理性（logos）以外，情緒（pathos）也是一種說服別人的方法。另外，亞里斯多德也認為上述例子是「修辭上的歸納」，他說[42]：「每個人都能透過提出實例或導出結論（省略三段論）證明主張，藉此進行說服。」

簡單說明一下：一般來說，我們能從普遍推斷出特殊（演繹），或從特殊推斷出普遍（歸納）。演繹型論點會像這樣：「由於所有人都會死，所以小鍾也會死。」這裡的第一句話為普遍原則，從這個普遍原則，我們演繹出個別情況，即小鍾也會死。

歸納型論點指的是，從許多個別情況中歸納出一個普遍原則，如：「A先生死了，B先生死了，C先生死了……Z先生死了。因此所有人都會死。」

亞里斯多德將其稱為修辭性歸納，因為其不同於科學性歸納，僅用個別例子代表全體，「證明」主張。最終來看，看似簡單的論證2級3-B模式結合了演繹（透過理由）和歸納（透過實例）論證的優點，因此優於單純只給理由的論證1級。

第3級論證：圖爾敏模式

源自德文課的3-B模式當然也不是最佳論證，前面提過的圖爾敏模式就比3-B模式再更高一層。圖爾敏模式比底下幾個層級好的原因在於，第一，我們能透過「限定」來賦予「主張」一個概率值，讓主張更精準。上述例子則是概括涵蓋所有人。理由是對臉書好友的嫉妒。

這時批評者可能會反駁說，雖然很多人會嫉妒，但並不是所有人都會嫉妒。一定有人會因為他人有成就而開心，衷心希望他們一切都好。對這些崇高的人而言，「應該要關閉臉書」這個論點就不恰當，因為他們不知嫉妒為何物，也就不該因此關閉臉書（當然還是能找到反對使用臉書的理由，比方說拖延）。

加入「限定」、變得更精準的主張會是這樣：「大多數人都應該要關閉臉書！」

以上是圖爾敏模式優於3-B模式的第一點。現在我們來看看第二點：臉書使用者因為不斷在跟朋友比較，導致產生嫉妒情緒，這理由（圖爾敏：保證），在前面的3-B模式裡就相當具有說服力。這想法能藉由分析得到支持（圖爾敏：支援），即一般的臉書使用者大多數時候都過著無聊的職場生活，而一百個臉書好友裡，至少有一個人總是過得比較好，好到必須把它發佈在臉書上。這聽起來也很合理。二十句以上的詳細理由完全符合圖爾敏的標準。

3-B模式缺少的，是圖爾敏稱為「資料」的東西，也就是數據或研究或其他事實內容。在缺少科學證據的情況下，詳細理由聽起來雖然還是合理，但卻沒辦法證明其為真。亞里斯多德說過這句很棒的話：「經過證實的事，最令人信服[43]。」

如果能加入科學研究當成支持，前述關閉臉書的論點就能更有說服力。例如：Chou和Edge兩位學者發現，活躍的臉書使用者更同意「別人過得比我更好」這個說法[44]。社會地位極度相近的臉書好友之間，也更容易出現嫉妒效應。因為我們傾向跟那些年紀、性別、社會地位和文化背景與我們相近的人比較[45]，而這當然又更加深了嫉妒的情緒[46]。

有趣的是，另一項研究指出[47]，多數德國受試者認為，嫉妒是使用臉書後，最常令他們感到挫折的原因（29.6%）。第二個原因則是自己的貼文沒什麼人注意，太少人留言、按讚（19.5%）。引發嫉妒的大多是朋友旅行、休閒時發的東西——而如果有人臉書的追蹤者比自己還多，對自己生活的不滿意度就愈高[48]。

也許你已經注意到，我在上面兩段引用了四個不同的研究「證明」我的主張，以及使用臉書會引起嫉妒這個理由。論證領域的「證明」一詞，我加了引號，因為它不是指嚴謹的數學或邏輯證明，而是指心理學研究。但它作為「證據」，當然還是比自己在那高談闊論好。不過，如果家中沒有豐富藏書，自己也不是大學教授，要如何在忙碌的生活中迅速找到現有的相關研究呢？

答案出奇地簡單：拜網路之賜，現今獲取知識的管道幾乎全民共享。也就是說：以往只能在哈佛、牛津和柏林大學圖書館裡讀到的書，現在大部分甚至可以免費取得。

現今還鮮為人知的搜尋引擎Google學術搜尋（Google Scholar）是搜尋學術研究的好地方。簡單輸入關鍵詞之後，就會出現許多學術文章，可以點擊開來閱讀。擁有良好的英文能力會非常有利，因為大部分研究是用英文發表。

如果你在論證3級，想正確使用圖爾敏模式，那你就不能迴避搜尋資料這個步驟。也就是說，你要去找到適合的數據和研究。搜尋資料除了能讓理由聽起來合理可信以外，還能有穩固的學術基礎。依照我課堂上的經驗，我知道呼籲大家去Google學術搜尋搜尋文獻，不會讓學員開心，但那些勇於稍微嘗試幾篇學術文章的人，論點就會比那些缺少科學基礎的還要更紮實、更有說服力。

另外，有學術研究的支持，會讓你感到愉快、穩當。雖然主要目的在用透明、有說服力的方式溝通，但如果因為自身想法得到學界贊同而感覺良好，何樂而不為。

論證4級：SEXIER模型

SEXIER模型我已經在十大技巧那章開頭介紹過，這裡就不再詳細介紹。我很確定之前那個「人不應該結婚！」的例子有讓你留下一些印象。

現在我們來比較一下圖爾敏模式和SEXIER模型。首先從它們的共同點開始。兩種論證結構都要求提出的主張需盡量精準，最好不要有籠統或不準確的概念。兩種結構都重視詳細的理由（SEXIER要求至少六句；圖爾敏需要保證、支援、資料等元素），且最好能有科學知識或資料作支撐。

然而圖爾敏模式缺少兩項能使論點更具說服力的重要元素：元素一，與聽者的關聯性（的理由）。元素二，反駁重要的反面論點。這也就是SEXIER模型比圖爾敏模式高一層級的原因。

先談關聯性：為什麼對一個強而有力的論點來說，關聯性和其理由如此不可或缺？簡單來說：圖爾敏模式裡的論點雖然為真，或可能為真，然而聽者並不知道這個論點對他有何重要性。

舉個簡單的例子：如果沒辦法讓一位利己主義者知道他能從某件事得到什麼好

處，意即沒讓他看到某件事跟他的關聯性，那麼單單論點合理是無法讓他付諸行動的，因為他不能從中獲得什麼利益。

現在來談反面論點的重要性：為什麼一個論點，若不討論它的反面論點，就沒有說服力呢？如同我在十大技巧那章講過的，僅觸及單一面向（例如只有正面或只有反面論點）的論點會顯得片面、偏頗。大家都不是笨蛋，都知道世界上所有事情都有優缺點。因此，一個有說服力的論點會去比較優、缺點，以及正面和反面意見，權衡所有相關面向之後才選擇立場。

稍後在潔白說話術第二支柱「傾聽」那章，我們會認識所謂的「反駁型傾聽」，意即許多人在聽我們陳述論點時，會自動開始尋找反面意見。為了先發制人，我們自己必然要至少先針對幾個最重要的反面意見進行反駁[49]。如果不這麼做，我們的論述就會顯得很片面，像在推銷東西一樣。所以我建議在說服過程中，必須要加入至少一個有力的反面意見，然後自己對其進行反駁。

第5級論證：十二模組模型

過去十五年間，我一直在尋找理想的論證模型，也因為自己身為論證、演說訓練師以及辯論賽辯者，我幾乎每天都在研究論證。在過程中，我發展出了一套比SEXIER模型更具說服力的論證模型。當中一共有十二個元素，所以我稱其為十二模組模型。根據十二模組模型擬定的論點最具說服力，也就是論證5級。

順帶一提，它是一套修辭學的論證模型。我的意思是，它並沒有像直言三段論一樣提出嚴謹的證據，而是類似柯拉克斯和泰西亞斯的可能性證據，為日常生活所設計。由於我們不知道某個論點的真實性究竟為何，因此應該至少要有合理、具說服力的思路，提高成功說服的可能。

在十二模組模式裡，有九個邏輯（這是理性模組）和三個修辭（這是感性模組）。不過為什麼要將修辭模組加入理性的論證裡呢？

答案：沒有修辭的論證，是無聊論證；而沒有論點的修辭，是空洞的修辭。論證和修辭的結合，我將其稱為論證修辭（Argumentorik）。九個邏輯（理性模組）雖然是論點的核心，但另外還是需要修辭（感性模組）的輔助：一開始先來個戲劇性的開場，中間將論點視覺化，讓聽者留下深刻印象，最後再給出強而有力的呼籲。如此一來，你的論點就能夠施展出最強說服力。

如同其他論證模式，這十二模組最好也能以具體例子說明。先前我們舉過婚姻和臉書為例，這次我會採用十二模組，詳細論述我的「學校會扼殺好奇心」主張。理由與前面相同：使用誇張的主張，能讓你帶著最大樂趣學會論證。

十二模組模型

1. 戲劇性開頭
2. 確切的主張
3. 垂直型理由
4. 理由背後的基本原則
5. 論點具象化，讓人留下深刻印象
6. 客觀證據
7. 限縮主張

8. 先提反面意見
9. 關聯性
10. 關聯性的理由
11. 其他更好的方式
12. 強而有力的呼籲

模組1：戲劇性開頭

當你在說明贊成或反對某件事時，必須馬上引起對話夥伴的興趣。戲劇性開頭如同標語般，概括了你整段論點的核心主旨。一開始先是強而有力的一句話，如同引人注目的狗仔隊媒體文章，接著用幾句精闢的話勾起對方的強烈情緒，再用聳動、出乎意料或極度正面或負面的後果來吸引對方的注意。

戲劇性開頭除了喚起對方的好奇心以外，最好還能讓他覺得有聽你繼續說下去的必要。十二模組模式的中心思想是：戲劇性地開始，系統性地論證。現在開始看例子：

【範例】

戲劇性開頭：學校扼殺好奇心！義務教育讓孩子不再渴望知識。大多數孩子都討厭學校、討厭學習。這對整體社會造成的損失比我們想的還要多！

如你所見，短短幾句話，簡明扼要地呈現出戲劇化的開頭。而且我用了極具煽動力的語言，沒有太多解釋（稍後在其他模組當中才加以解釋）。戲劇化的動詞「扼殺」以及將好奇心擬人化（學校教育的受害者），就如同報紙文章的聳動標題般，懸在整段論證之上。另外，「討厭」和「損失」兩個動詞也馬上激起負面聯想。而最後那句「比我們想的還要多」就像電視劇結尾留下的懸念，讓對方好奇話語背後究竟隱藏了什麼。透過戲劇性開頭抓住對方注意力之後，就該提出確切的主張。主張是論證真正的核心，提出以後還需要被「證明」。

戲劇性開頭當然可以再長一點，讓對方的情緒更飽滿。是否需要這樣做、要做到什麼程度，則是依個別情況而定。如果面對的是國際會議上的學者，我們當然就不會預期他像新創公司的行銷總監一樣那麼有戲劇性。因為聽眾或觀眾的注意力在演講一開始最集中（請見一〇二頁圖表），準備論證時就必須投入多一點時間構思出有效的戲劇性開頭，並準確地挑選出那些能贏得聽者最大注意力的詞彙。

讓你了解一下：我自己要演講前，至少會花半小時思考開頭的五到十句話。畢竟有句話說：第一印象沒有第二次機會。如果對方已經被你激起興趣，就可以進入下一個模組。

模組2：確切的主張

第二步的重點在於精準地表達出自己的主張。同樣，這裡的每個字都非常重要。提出主張時，務必刪去多餘的詞彙，務必讓主張更精準。「所有」、「大多數」、「許多」、「有些」、「少數」或者「沒有」等詞必須謹慎選擇。同樣的，如果需要，則應該要在主張內加入概率值，像是「一定」、「可能」、「極不可能」、「完全排除」等等類似上述圖爾敏模式中的「限定」元素。

十二個模組都想好要怎麼說之後，最好再檢查一次先前提的主張是否還跟理由及其他模組相符。有時必須在所有模組都想完之後，再把主張修得更準確些，好讓後面的內容百分之百貼合主張。

【範例】

確切的主張：現在的學校體制和義務教育導致大部分成年人離開學校以後對學術知識和一般知識都不感興趣。

如你所見，上述例子限縮了主張，這很重要。意即「大部分」成年人（不是所有成年人）是如此。

模組3：垂直型理由

讓我們用一句拉丁文，再度複習一次十大技巧裡最重要的論證規則：Argumenta ponderantur ——論點之間應該要分配比重，不能只是把它們通通講出來！或者換個方式說：一個詳細的理由或一段深入的分析，勝過只用關鍵詞方式列舉出個別理由好。後者只是把理由提出來而已，並未深入探討，如你所知，我將其稱為水平型論證。水平型論證膚淺、表面，沒辦法有說服力。前面已經提過，根據我的十句守則，理由原則上應該至少十句。

我也提醒一下「理由類型」這個詞：說明理由時，務必選擇一條最能支持主張的理由（例如經濟、法律、道德、情緒等等。可以參見本書第一篇的〈3. 十大理由類型〉），將你的思路合理地、符合邏輯地串在一起，並逐步深化。如前所述，理由是論點的核心，因此不管在想法或篇幅上，都需要最大的空間。以下是針對範例主張的垂直型理由。

【範例】

垂直型理由：孩子們被強迫在學校裡學習許多不同學科。具體來說就是，國家規定孩子什麼何時（早上，此時孩子們還很累）、向誰（學生不能挑老師）學哪些科目（不能自己挑科目），以及學多少（國家規定課表，科目比重沒道理，每一堂課時間四十五分鐘也沒道理）。從入學開始，學生一想到學習，就只會聯想到永無止盡的分數壓力以及日復一日的束縛。這樣強迫學習的負面連結，使孩子畢業以後完全不想學習任何新知。而在學校接受義務教育的過程至少得持續九年，更加深了這種不愉快、被迫學習的感受。上學幾年之後，強迫學習的感受會大到使得多數學生對新的學習內容和學科知識產生心理上的排斥。況且，大部分成年人也比較喜歡坐在電視機或串流平臺前，看著一部部輕鬆不費力的影集，不想探討知識。孩子對知識的好奇，早晚會被現今的學校體制和義務教育所扼殺。學齡前幼童天生充滿好奇，只要一接觸到新事物就會問父母「為什麼」，這更可以看出孩子上學後好奇心被扼殺的情況。隨著時間過去，我們就逐漸失去了解世界的興趣。因此，年紀愈大，我們就愈少問為什麼，愈常接受現狀。與孩童時期的好奇心相比，這幾乎是個悲劇。

當然你會問，這理由已經非常站得住腳了，還需要再擴充內容嗎？在日常生活中，這樣的篇幅足夠嗎？

優秀的觀察者會仔細觀察對話夥伴的肢體語言：如果對方開始點頭，那就可以很快地將理由說完；如果對方沒什麼反應，可以在講了大概十句話之後問他：「對你來說，這聽起來是有說服力的嗎？」若他給的答案是負面的，那就可能要增加一些內容，也就是論點背後的基本原則（馬上會提到）以及實例。

用至少十句話、垂直地為自身主張說明理由的能力對論證至關重要。所以我會在本章最後列出十個主張讓你練習。論證同樣熟能生巧。

模組4：理由背後的基本原則

有句至理名言說，一提到外遇，每個男人都會變成哲學家。哲學與日常之前的關係，比我們以為的還要緊密。而每項傑出理由的背後，都藏著一個（哲學）基本原則，雖然通常不會在生活中被說出口，但論證時還是應該要明確提及，以增加說服力。哪些哲學基本原則隱身於理由之後？為什麼思索基本原則是很重要的一件事？針對這兩個問題，亞里斯多德有個很棒的答案：「每件事物都有其來源、原因和理由。對於每件事物的了解和認識，皆以對這件事物的研究為基礎，因為只有在研究其最初緣由、來源和原理之後，才會覺得自己認識某件事物，這就是為什麼自然科學也必須先試著確定某事物的起源[50]。」

換句話說：一切事物都有第一原理（英文裡有個很棒的概念：first principles），其他東西都是從第一原理推導而出。就像數學中的公理一樣，哲學裡也有某些概念是行為模式的來源。現在我想介紹其中五個最重要的哲學基本概念（括號裡是它最重要的代表人物），幾乎每個論證背後都藏著這些基本概念。

另外，正因如此，我也建議把這些基本原則加進你的論證裡，因為你的對話夥伴有可能跟你持有相同的原則，進而覺得跟你產生連結。比如說你的對話夥伴一開始拒絕了你的理由，不過在發現你理由背後的基本原則與他的基本信念一致之後，他就會用更專心、更開放的態度聽你說話，因為你們想法的哲學基礎是一樣的。

對應到上述「學校扼殺好奇心」的例子，具體指的就是，你的對話夥伴雖然可能強烈支持義務教育，但還是可能會用開放的態度聽你陳述論點，因為他有強烈的正義感，而你讓他知道義務教育是件不正義的事。由於他跟你抱持相同的基本原則，你的論點就有較大機會被他接受。但五個最重要的哲學基本原則是哪些呢？

1. 正義／比例／平等（柏拉圖、亞里斯多德、羅爾斯）

每個人天生都有正義感，想使相同事物受到相同對待、不同事物受到不同對待。正義這個概念當然也有很多種：社會正義（貧窮／富貴）、補償正義（損害賠償／量刑）、平權（男性／女性／多元）、政治正義（擔任公職的管道）、世代正義（現在／未來）等等。

具體執行起來的困難點在於，事情究竟「相同」還是「不同」，並沒有一個判斷標準。因此，為了使採用此基本原則的論證能成立，我們必須自己提出正義的定義，並說明為什麼某件事在我們看來是正義或不正義的。

針對「義務教育」這個例子，基本原則的使用方法如下：目前我們社會上的成年人與兒童正在遭受不平等的待遇。成年人沒有勞動義務，孩子卻有，因為我們透過國家規定的義務教育，把某種勞動義務施加到孩子身上。兩個群體都被強迫工作，或兩個群體都不被強迫工作，這才叫正義。然而現實情況並不是這樣。如果你用這個哲學基本原則補充你的垂直型理由，支持正義的對方絕對更容易贊同。

2. 增加快樂／避免痛苦（伊比鳩魯、彌爾、邊沁）

第二個哲學原理包含了人類最本能的追求，意即增加快樂、避免痛苦。若為個人層面，則稱其為享樂主義，源自希臘哲學家伊比鳩魯。若於集體層面，此原則就叫做功利主義，追求所有相關人士總體利益的最大化（「最大多數人的最大幸福」）。

傑瑞米・邊沁認為：自然把人類置於兩個至高無上的主人控制之下——痛苦和快樂。只有它們才能告訴我們該做什麼，決定我們會做什麼。判斷對錯的準則，以及原因和結果的關係，皆由它們決定。它們主宰了我們的行為、言語、想法，主宰了我們的一切。[51]

因此，為了使採用此基本原則的論證能成立，就必須說明為什麼我們的建議會增加個人或某個群體的快樂，或為什麼會避免或減緩痛苦。在例子裡，我們可以說，大部分孩子都非常厭惡去學校，也沒興趣去學校。如果不要強迫他們每天都去學校學那些他們沒辦法也不想學的科目，就能減少他們的痛苦。

3. 因果關係／邏輯（亞里斯多德）

第三個哲學基本原則是因果關係與邏輯：從A導出B，從B導出C，從C導出D，以此類推。因果關係在自然科學領域極為重要。雖然我們在日常生活中也能造出具邏輯性的連續因果句，例如：如果你定時運動，身材就會變好。如果你看起來更有魅力，約會就更容易成功。

然而上述因果句僅是可能、合理而已，並沒有邏輯上的必然。而哲學基本原則指的則是科學意義上的因果關係與邏輯，需要可量化的數值。譬如可以透過測量工具來測量出某個數值，再用因果原則來加以解釋，不必動用到如「正義」和「快樂」等（需要詮釋的）概念。

因此，為了使採用此基本原則的論證能成立，必須指出哪個原因導致了哪個後果，並最好能提供證據，並引用學術研究。其他四個基本原則是質化論點，而這個則是量化論點——意即我們憑藉數字、資料、事實做出具有邏輯強制性的推論（直言三段論），得到可量化的結果。

在我們的例子裡，雖然可以引用關於兒童抗拒的心理學研究或者他們對學校的不滿意度調查，但這些並不符合狹義上的學術性。邏輯與因果關係作為基本原則時，指的是能清楚證明的過程，像是生物、化學、物理或機械等可複製的流程，這心理學研究就不一定辦得到[52]。

4. 道德基本價值／「黃金守則」（宗教經典、柏拉圖、亞里斯多德、康德、彌爾）

道德行為究竟是什麼，這個問題的答案尚無定論，不過似乎在大多數文化裡都對人類的行為準則有個最低共識。在歐洲文化圈裡，經常會聽到所謂的黃金守則：「己所不欲，勿施於人。」宗教出現以前，從中國、印度到波斯、俄羅斯和歐洲，以及所有偉大的世界性宗教（印度教、佛教、伊斯蘭教、基督教、猶太教）都普遍接受這個守則，可視為道德行為的最低定義。

現代哲學裡，康德於他的定言令式（Kategorischer Imperativ）裡要求，只有當一項行為能成為普遍法則時，才符合道德。「你要緊緊按照你同時也能夠願意讓它成為一條普遍法則的那個準則去行動。」

因此，為了使採用此基本原則的論證能成立，就必須指出，如果把某項行為當成普遍原則，就能夠維護他人的權利。比如在例子裡可以說，廢除義務教育並不會對任何人造成損失，完全能夠成為普遍原則，正如同不能強迫任何成年人去工作這個原則一樣。

5. 人權，特別是自由（近代自由、民主憲法）

人類向來追求最大程度的自由，以及隨之而來的人權，如意見自由、宗教自由、契約自由、遷徙自由以及許多其他的自由權（德國基本法第一到二十條是不錯的例子）。尤其對國家行為的限制，即基於人權考量，因此人權可以當作論證的基本原則。舉個例子：「人的尊嚴不可侵犯，每個人都該擁有。所以就算罪大惡極，也不得處死他。因為殺害他就等於奪走了他的生命與尊嚴。」

為了支持我們的論點，可以亮出普世接受的人權，並指出可能有哪些結果。比如說自由這個基本原則就很適合用來補強我們「義務教育」這個例子。使用方式如下。

【範例】

背後的基本原則：如果奪走人們的自由、強迫他們做某些事，他們的抗拒感就會隨著時間逐漸增加。相反的，只有當他們出於自由意志去做某件事時，才能夠產生喜悅和動機。學習也是如此：強迫學習會讓人抗拒學習；自由學習會讓人喜歡學習。愈不強迫年輕人學習，他們就愈喜歡學習自己選擇的內容。

說到到這裡，也許你會想到一個在十大技巧那章提過的論證禁忌：先驗論。在前面說過，「顯而易見的」事實應該要避免。而上面那五個哲學基本原則似乎對大多數人來說也是顯而易見。那到底它們跟先驗論的區別是什麼呢？區別就在於，那些基本原則有其根據，而且在十二模組模式裡都能夠透過例子加以說明，並藉由科學證據加以鞏固。

模組5：論點具象化，讓人留下深刻印象

具象化是戲劇性開頭以外的第二個修辭性模組。將論點具象化，讓聽者留下持久印象。將論點具象化，最常見的方式就是舉出實例——意即具體個案。以簡單、清楚易懂的方式說明抽象、複雜的理由。

【範例】

論點具象化：我父母從畢業後，就沒再讀過任何一本書了——更不用說關於心理學、物理學或政治學的專業學術文章。威權時期，他們在學校被偉人思想著作折磨得很慘，到現在已經四十幾年，除了簡短的媒體文章，其他什麼都不讀。

實例的效果，已經在SEXIER模型那裡詳細認識過了。而在十二模組模型的框架下，除了實例以外，也能透過言語修辭來具象化我們的想法[53]：

a.類比或隱喻：拿大家熟悉的事物來比喻自己的主題（例如：學校就像監獄，老師是獄卒，學生就是犯人；犯人若抵抗，國家就會行使警察權……最好再用誇張的言語加油添醋一下，使其更具煽動力。）

b.故事：講一段故事（可以是自身經歷），讓對方接收到故事裡強烈的情緒、有趣的細節，最好還有個出乎意料的結局，效果更佳。（例如：我讀書的時候最討厭的就是早起。每天早上六點半鬧鐘就響了，我覺得……。這段故事可以持續個幾分鐘，因為人都喜歡好故事。）

c.眾所皆知的名言或俗語：例如塞內卡的名言：「我們學習不是為了自己的人生，而是為了學校。」接著詮釋一下這句話，讓聽者了解裡頭蘊含的智慧。

d.歷史事件：讓聽者知道理由的歷史脈絡，例如你可以說，十九世紀時，普魯士王國引進全民教育，腓特烈二世認為實施全民教育的目的是，「培養、教育出更能幹、更優秀的臣民」。（接著說明為什麼這並不符合現今的價值觀。）

e.虛構故事，尤其寓言、電影或童話：愈流行、愈受到喜愛愈好（也可以是主題與你的主張一樣，能支持你立場的影集或動畫）。

為什麼在說服過程裡將理由具象化，讓對方留下深刻印象會如此重要呢？因為聽者對我們的看法所知甚少，用這種方式[54]讓他們理解我們的思路，既有效又好玩。而當然整個說服過程也應該要好玩才是！因為我們想說服的不是機器人，而是活生生的人。有個流行語叫「資訊娛樂」（Infotainment）。在這個模組裡，你可以盡情揮灑言語和情緒。

如果成功將理由具象化，對方就能夠迅速理解你的想法，同時也比較容易記住。另外還有一個優點：具像化可以使抽象的論述停留在聽者大腦內，讓整體說服過程更有趣。抽象內容很快就讓人精神疲乏。

模組6：客觀證據

剛才經歷了一個具象化之旅，接著就是為理由提供客觀基礎的時候了。客觀基礎或證據經得起客觀的檢驗。當然有人會問：客觀證據是什麼？以下這些都屬於客觀證據：

◆學術研究和實驗，特別是發表在同儕評閱的學術雜誌裡

◆具代表性的數據

◆以影片、照片及其他現代科技留下的可證明事實

◆技術標準、工業標準、市場價格

◆法律、契約、審判以及正式文件，例如法律命令與章程。

◆法庭上的證詞、鑑定書、現場勘驗、證書

證據最好經得起任何嚴格的檢驗。我們現在回到例子：

【範例】

客觀證據：根據德國未來問題基金會（Stiftung für Zukunftsfragen）的最新研究，德國國民從事的休閒活動裡，閱讀甚至排不進前十七名。最前面幾名分別為看電視（94%）、聽廣播（88%）、講電話（87%）、聽音樂（83%）和上網（81%），全部都是跟知識無關的活動。[55]

而德國書商協會（Börsenverein des Deutschen Buchhandels）的最新數據

顯示，那些空閒時會拿起書閱讀的人，讀的也大部分是小說，專業書籍則僅佔11%[56]。由此可見，人在空閒時會比較想要放鬆，而不是探討一些知識性內容。

在日常生活中經常與他人聊到的話題，情況也類似。前幾名的主題分別是工作（46%）、人際關係（26%）、政治傾向（20%）。倒數幾名則是性生活（8%）、死亡（6%）以及收入與財產（4%）[57]，知識性主題則完全沒有出現。這又再次說明了，我們從接受教育以後就對知識感到厭煩——或者說得委婉一點：大多數人都對知識不太感興趣，或甚至完全不感興趣[58]。

如同在論證3和4級說過的，想成功說服他人，就務必要為自己的主張找到客觀證據。過程有時可能會花上好幾個小時，因為要找到適合的研究、實驗或其他客觀證據，並不容易。如果我們回想一下四種人格類型，客觀證據就對藍型人尤其不可或缺。對其他三種類型的人來說，經得起檢驗的事實也會提高主張的可信度，因為人只有在覺得某件事已經經過證實，才會讓自己被說服[59]。

請允許我提一下簡報教練：身為教練，我觀察到大家報告前會把大部分時間花在思考要怎麼把投影片視覺設計得很吸引人，但卻通常完全不會花時間搜尋支持自身主張的專業論述。想證明自己所言不假時，就輕輕鬆鬆地用「自身經驗」以及「常識」當證據。我講這些不是在說你不該在意投影片好不好看。賣相當然也很重要——投影片做得好看，內容讀起來也會更清楚、更具體。然而我呼籲至少要投入跟準備視覺呈現一樣多的時間搜尋專業論述和垂直型理由。如果你只想花兩小時準備一場報告，那麼就至少應該投入一小時準備論點，然後最多花一小時準備圖表。

模組7：限縮主張

我們都聽過這句話：有例外就證明有規則。世界上幾乎所有事情都有例外，因此應該要記得限縮最初提出的主張。針對這點，心理學家溫德爾・強森（Wendell Johnson）有句名言：「永遠」和「絕不」是你應該記得永遠絕不要用的兩個詞彙[60]。

回想一下例子，例子裡的主張是說，大部分成年人對知識不感興趣。「大部分」這個限定詞讓聽者知道是大多數人，不是全體。提出主張時加入具體數字和事實，會讓對話夥伴感到負擔，因此我建議提出客觀證據之後再說，或跟著客觀證據一口氣說出來。重點在於，對話夥伴已經因為你出色的垂直型理由，了解了你的基本看法。

上面那些數據，包括人們喜愛的休閒活動，如看電視、聽廣播，以及跟文學作品的比較，雖然顯示出只有少數德國人對知識感興趣，不過還是有這麼一小部分人喜歡鑽研知識主題。學校體制和義務教育雖然會讓大多數人失去對知識的渴望——但並不是所有人。這些例外當然應該在論證時坦白、誠實地提及，而不是做出籠統的評斷。許多人不敢坦承自己的主張並不適用於所有情況，於是便錯誤地一概而論。然而這樣的擔憂其實沒有必要，因為有例外就證明有規則，幾乎沒有哪個主張百分之百普遍適用，尤其當涉及到人的時候。而其實也沒有必要這麼做，只要指出自身論點是有可能的，這樣就夠了，因為就算在實驗室裡，依舊可能出現例外。

模組8：先提反面意見

如同在SEXIER模式那章提過的，納入反面論點，並且反駁它，能使自身論點更有說服力。因為這樣我們比較不會顯得偏頗，而且每個人都知道，多數時候，人都是在理性地權衡支持與反對論點之後，才會作出判斷。因為前面已經詳細探討過反駁異議，我在這裡就僅提供例子：

【範例】

反駁異議：現在有人會反駁說，學校也有好老師，能激勵學生學習、啟發他們對知識的興趣。不過即使有一、兩位好老師，學生也因為這一、兩位好老師對一、兩個科目感興趣，但對其他十個科目知識的好奇還是會流失。而會感興趣的，剛好就是可能變成未來工作內容的那一兩科。即使對一、兩個學科有興趣（例如數學和物理），通常也不會去研究心理學、歷史、哲學和經濟。最可能的情況是選一份跟自己喜歡學科相關的工作，成為那個領域的專家，比方說電機工程師。換句話說，大部分大學畢業生實際上並沒有在追求全面、終生的學術教育。大多數受過教育的公民甚至連十本學術雜誌的名字都叫不出來。少數那些真的有在多方獲取知識的人實為例外。而此例外證明了規則真的存在，意即大部分人晚上的時候都不是在研究、思考，而是比較喜歡看 Netflix 放鬆，讓大腦關機。

小提示：你一定有注意到我在前面的反駁異議例子裡用了「即使」。用此詞彙來論證是很好的方式，因為雖然我們說「即使」時是同意對方的看法，但同時也表示，經過權衡後，自己的論述比較恰當。我們不久後會詳細提到反駁論點的方式。

模組9：關聯性

如同在SEXIER模式裡一樣，關聯性的意思是，要讓自己的論點與對方有關聯，或者換另一種方式說，要讓他知道為什麼應該關心我們在說的東西。由於這點我已經在SEXIER模式那章詳細探討過，這裡我還是只提供例子.

【範例】

關聯性：學校體制和義務教育這個主題，跟現在、未來的父母有關，跟沒有小孩的人也有關——真的跟所有人都有關，也許除了那些否認世界的虛無主義者以外。

再提醒一下：關聯性本身是一個主張，必須為其提供根據。只說某件事對某個目標群體「有關」，是很空洞的。因此我們下一步就是要說明關聯性這個主張的理由。

模組10：關聯性的理由

你同樣已經在SEXIER模式那裡認識了關聯性的理由，它在日常生活中再重要也不過。即使你有一個合理的理由、很棒的客觀證據，許多對話夥伴還是會問：「那又怎麼樣？這干我什麼事？」所以了，花幾句話告訴他為什麼應該關心，就絕對必要。重點除了論點的真實性以外，還有其重要性。該怎麼呈現呢？我用以下例子說明：

【範例】

關聯性的理由：學校體制和義務教育這個議題對現在和未來的父母都很重要，因為關乎他們自己孩子的好奇心、發展機會與幸福。現今社會普遍認為應該投資股票或不動產，但其實投資在自己的教育上，投資報酬率才最高。從經濟角度來看，進修能提高我們的人力資本。如果做得正確，這輩子就能替我們帶來數百萬歐元[61]。接受更多教育也能提升生活樂趣。一個人只有在熟悉數學之後，才能享受其中知識。所有知識都是如此。當然也可以反過來說：對某項學問不精通，就無法理解其成果，也無法享受並運用其中的知識。比方說，不了解歷史的人，就沒辦法從中學習，也不會有意識地去珍惜現有的權利與自由。學校體制和義務教育這個議題甚至對沒有小孩的人來說也很重要，因為孩子愈不想鑽研知識，社會和科技就愈不會進步。而社會與科技若進步，沒有孩子的人也能從中獲益。所以，支持好奇心和創新的人，必須避開扼殺好奇心的學校體制，尋找更好的替代方案。

礙於篇幅考量，我把關聯性的解釋限制在十句話。我一再強調要為關聯性提出深入的理由，這很重要。若少了理由，對方未必會相信我們的主張確實對他很重要。前面提到的十句守則也適用於關聯性的理由。但如果是有爭議性的主題，你也可以講超過十句，提供對方更詳細的解釋。有時在有爭議的點上，也需要超過一百句話，以說服對方。說服他人通常是一天裡最困難的任務。因此，為了提高成功說服他人的機會，才會有整整十二個模組。

模組11：更好的方案

要批評現狀，就必須能夠提供更好的替代方案。批評與反駁，永遠比給出有建設性的建議還簡單。如果除了批評現狀以外，還能提出更合適的解決辦法，對方會覺得更具說服力。若除了批評以外什麼都沒說，他就會想：「現狀不完美，這我明白，但還能怎麼辦呢？我沒看到其他可行方式。所以我就維持我原本的立場好了。」

為了讓對方接受我們的見解，必須提供對方一個有別於現狀、且具建設性的選擇，並說明為什麼這個選擇更好。有了這層認識，他如我們所願、付諸行動的可能性也會提高。我們還能再透過第十二個模組，也就是透過呼籲，顯著提高「付諸行動」的可能（馬上會講到）。如果可能的替代方案不只一個，那當然就應該交叉比較所有方案，並權衡選出一個最好的。

而在我們的例子裡，更好的替代方案可能是什麼樣子呢？

【範例】

更好的方案：比現今學校體制更好的方案如下：上學並非義務，孩子可以自由選擇。廢除僵化、依照年紀分的年級制，而課堂上除了個別科目以外，還有與實務相關的學習計劃。目標在於透過有趣的方式，讓孩子更理解現實世界（例如「自己組裝腳踏車」或「估算完美的十二碼罰球路徑」）。為什麼不分年齡、純粹以興趣為基礎的計劃會比現狀好呢？

因為，大多數成年人承認，他們，第一，已忘記在校所學的大部分內容；第二，無法將學科知識應用在日常生活中；第三，所有與職場相關的重要知識，都是進入職場後從做中學來的。

孩子從Google搜尋引擎得到的知識，比世界上任何一位老師腦裡的還要多。現在只要動動滑鼠就能徜徉知識寶庫。即使如此，還是至少要給孩子上學的機會，同時也要讓他們能夠不分年齡、自由選擇符合自身興趣的學科與學習計劃。這很重要。唯有如此，才能激發孩子對知識的好奇，使他們更有動力深入研究。

覺得這聽起來很獨斷、混亂的人，也許可以看看位於英格蘭、創建於一九二一年的夏山學校。其辦學基礎為三個核心原則：

1. 學生可以自由選課
2. 師生對於重要問題有平等的發言權
3. 有供學生使用的工作室[62]

創辦人尼爾希望孩子依照自己的意願生活，而非按照父母或老師的規劃。從傳統學校轉學到夏山的學生，因為在先前學校的負面經驗，一開始一般都不會去上課。但短短幾個月之後，幾乎所有學生都參與了學校生活，也去上了自己選的課。根據創辦人的哲學，該做的不是免除孩子的教育，而是讓他們自由選擇教育。

如同亞里斯多德於其「形上學」[63]所述，尼爾也認為孩子天生具有好奇心。在不用強制學習的學校裡，學習風氣比在一般學校還要好，好奇心不會被剝奪。夏山學校近百年的成功歷史顯示了，即使不強制孩子學習，學習依舊可行。現在孩子們還能透過線上課程和虛擬形式來學習，不受時間、地點的限制——想學習時再學。這項取代義務教育的方案不僅理論上可行，實務上也辦得到。唯一需要的是做出改變的政治決心。

模組12：強而有力的呼籲

合理地進行論證雖然很棒，但唯有提出強而有力、打動人心的呼籲，要求對方做某事或不做某事，才能化理論為現實。以下這段引文呈現了古羅馬時期最佳演說家西塞羅和古希臘時期最佳演說家狄摩西尼之間最大的差異。雖然不完全符合史實，卻準確切中了呼籲的重要性：「西塞羅語畢，群眾說：『他講得真好！』而當狄摩西尼語畢，群眾則大喊，『讓我們上戰場吧！』」[64]

從這段引文可以清楚看出，若少了明確的呼籲，再有說服力的內容也無法使對方產生足夠的行為動力。「強而有力的呼籲」是第三個修辭性模組，跟隨在「戲劇化的開頭」和「論點具象化」之後，它帶有極大煽動情緒的效果，尤其是當對話夥伴沒有什麼興趣的時候。

做出呼籲時，向對方提出的要求應該要在他能力所及範圍內，不可不切實際。

強烈意識形態、屈服於權威或思想的時代已經過去了，我們應該少要求一點，提出要求時當然也必須用適當的方式。無論形式是請求、勸告、尋求幫助或要求，內容都應是號召對方去進行某項具體行為，避免模稜兩可。在我們的例子裡，呼籲可能是什麼樣子呢？

【範例】

強而有力的呼籲：如果不想讓孩子對知識的好奇被現今僵化的學校體制和義務教育給扼殺，我們就必須一起拿出作為。現況是，違反義務教育的人，會被政府機關咎責，因為義務教育有法律規範。我們無法預期政治人物會主動主張廢除或鬆綁義務教育，所以學生和家長就必須跟老師以及政治人物進行對話，尋求鬆綁義務教育，並以孩子興趣為導向設計學校內容。身為國民的我們愈積極要求鬆綁義務教育、廢除僵化學科體制，就愈有可能成為政界無法忽視的關鍵群眾，使某些鬆綁義務教育的措施付諸實行。

由於這樣的政治對話可能需要花數十年的時間才能看到成果，我們應該從現在開始就採取具體步驟，讓我們的孩子獲得更多受教育的自由：

a. 在「夏山學校」模式尚未實現的這段期間，可以鼓勵父母至少在家時提供孩子廣泛學習的可能，發掘孩子的熱情所在。而孩子應該要能夠鑽研這特別的喜好（可能是跳舞、算數或詩詞等等），根據自身意願決定要鑽研多長時間、多深入。孩子若失去興趣，就該重新尋找新的熱情，避免以各種形式強迫孩子學習。

b. 應該提醒身邊其他家長，回家作業會加劇孩子被迫學習的負面感受，因此應鼓勵學童只做自己感興趣那幾個學科的作業。換句話說：讓學生的熱情得到充分發展，成為那個領域的專家。但同時也必須接受其他幾科分數欠佳。

c. 應該勸家長不時幫孩子請假。一個月讓小孩不去學校幾天，對監護人來說輕而易舉，不會引起教育局或甚至警察、法院的注意。雖然只有幾天，但總比完全沒有好。

d. 應該在住家附近積極尋找其他比傳統學校更符合孩子興趣的學校形式（例如國際學校、華德福學校、蒙特梭利學校、私立學校、寄宿學校）。[65]

讓我們雙軌並行：一方面說服父母透過前面a至d點提到的方式給予孩子更多學習自由，另一方面，我們自己應該致力於開啟政治對話，一步步掃除僵化、強制的學校體制。千里之行始於足下，每項社會改革同樣也始於為了做對的事勇敢挺身而出的人！

如同在例子裡所看到的，有用的替代方案有時會有很多種，對方可以像在吃自助餐一樣，從中挑選適合自己的。在例子中同樣也看到，最好使用能激起對方情緒的言語來進行呼籲，因為除了理性理由和客觀證據外，情緒也能激勵對方付諸行動。

SEXIER模型 vs. 十二模組模型

全方位的十二模組模型規模龐大，並非每種討論主題都適用。正如殺雞焉用牛刀，十二模組模型也應該只在下列情況使用：

1. 當我們有時間談論自身想法，對方同樣也願意花時間詳細討論某件事時。

2. 當我們確切知道對方持完全相反的意見，或對我們的觀點抱持懷疑態度，或當我們屬於少數意見時。

3. 某件事對我們關係重大，一定要說服對方時。

如果有一個以上的條件不符，出於實務考量，就應該優先選擇SEXIER模型。然而若你想提高成功說服某人的可能，那當然就建議把十二個模組都準備好，在對話過程中視情況需要逐步「開箱」。原本預計簡短進行的對話，有時會因為雙方討論得愈來愈有興致，出乎意料地變得很長，所以可以把十二個模組通通寫在紙上預備。

另外一個特別適合使用全方位十二模組模型的情況是透過書面說服別人時（例如向客戶簡報的投影片，或寫給上司、同事篇幅較長的重要電子郵件），因為對我們來說，寫東西時，比較可能詳細思考所有模組，並擬定適合的內容。

反駁的七大途徑

但我屬於哪類人呢？我屬於如果自己說錯話，就樂於受到反駁那類型的人。

——柏拉圖

我們可以透過自身論點說服人，或者讓他們知道他們的論點不合邏輯，應該放棄。有時當然可能情況相反，對方成功地反駁了我們，我們就必須承認自己的論點真的不合適。在這一個段落裡，我想介紹七個能夠用來檢視對方論點的方法。在準備階段，你可以透過這些反駁的七大途徑檢驗自己的論點，如有必要，就進行修改。因為如果論點能輕易被反駁，就代表它們還不夠好。

反駁對方的論點時，必須特別留意在十大技巧那章提到的「堅定對事，柔和對人」原則（第八十九頁起），保持客觀、好奇對方聽到我們的反駁之後是否能有很棒的答覆，絕對不能自以為是、喜孜孜地反駁對方。說服的重點不在證明自己是對的，而是雙方共同找出真相，或者是認可某個論點比較好。

認識了論證五層級之後，你已經知道：論點的有力程度首先取決於使用的論證模型。其次，如同在十大技巧那章所述，論點的有力程度也取決於其有多容易被反駁。若某個論點沒辦法被反駁，或反駁理由很薄弱，那就是有力的論點。相反的，若某個論點立刻遭逢一個反對其內部邏輯的異議，那此論點就比較薄弱。第三，若某個論點有力，除此之外就找不到更好的替代方案。相反的，若很快能找到更好的選擇，那麼這個論點就較薄弱。簡而言之：薄弱的論點很快會被反駁，而有力的論點則幾乎或完全不會被反駁。

另外，反駁別人的論點，遠比自己建構論點來得容易。[66]就像拆房子比蓋房子還要容易一樣。想反駁某個論點，通常只需動搖其基礎（特別是理由裡的邏輯）。而在公開陳述自己的論點之前，最好也應該用反駁的七大途徑來檢視。對方的論點當然也同樣能用反駁的七大途徑來檢視。亞里斯多德有句話說：「有知者的任務是，連在所知領域也要避免遭到欺騙，並且能使欺騙的人出醜。」[67]

由這句話可以清楚看出，人可能不自覺地淪為謬誤和謬論的受害者。操控者刻意使用謬誤操控他人，道德高尚人士身上則是經常出現自己未意識到的思維與論證錯誤。而說服就是要反駁謬誤及薄弱論點——無論對象是誰。不過有一點我無法同意亞里斯多德的說法：讓對方出醜只會導致衝突而已。所以我一直建議用客觀、冷靜的態度進行反駁。好，現在就讓我們來認識反駁的七大途徑了。

反駁途徑1：說話內容跟討論主題有關嗎？

反駁的第一個方法，是對論點的關聯性提出質疑。向對方表明為什麼他的論點與討論主題並不相關。離題這件事經常發生。即使對方的論點聽來合理，還是必須不斷思考：這個論點切合主題嗎（抽象的主題關聯性）？如果切合：這個論點適合當事人嗎（具體的當事人關聯性）？

如果對方陳述的論點完全離題，意即缺乏抽象的主題關聯性，那麼就直接了當地告知他論點與主題無關，如有疑問，就再簡短說明一下，這樣就足以駁倒對方。

除了主題關聯性以外，對方論點還可能缺乏與當事人的關聯性。我們回想一下贊成結婚的經濟型理由：夫婦共同報稅優惠方案。如果對話夥伴與其配偶雙方收入一樣多，但他還是提出上述優惠方案作為其結婚的理由，那麼有效的反駁就可以是：「由於你們收入一樣多，夫婦共同報稅優惠方案就跟你們無關。只有當配偶一方的收入大幅超過另一方時，才能享有此方案帶來的好處。即使你們能透過上述方案一年省個幾百歐，但相較於其他伴隨婚姻而來、離婚後依然存在、價值好幾萬甚至好幾十萬歐的法律義務，那區區幾百歐根本無關痛癢。」

希望夫妻共同報稅方案並不是他結婚的唯一理由。

反駁途徑2：說話內容有彼此矛盾嗎？

自相矛盾在哲學裡被視為「最慘的認知翻車事件。」[68]當然很少有人會立刻出現自相矛盾的情況，但若仔細分析整段論點，就不難看出矛盾之處。若你常跟某人聊天，就更容易發現他的矛盾之處。因為對某個主題發表愈多言論，陷入矛盾的可能性就愈大。

在「人不應該結婚！」一例裡，利他型理由提到：人想結婚不是為了自己，而是「為了小孩」。仔細思考這個理由之後，一個有效的反駁如下：「雖然你說小孩是結婚的主要理由，但這並不是利他，而是利己。因為實際上你是想藉由讓小孩過得好，來讓自己過得好。其實你想要一個幸福美滿的家庭，而小孩讓你得以實現自己的人生理想。基本上這非關孩子的幸福，而是你自身的幸福——這顯然與你之前提的利他主義相矛盾！」

反駁途徑3：說話內容合理嗎？

尤其在論點的核心，也就是理由部分，必須注意你的思路是否合理。同樣也應該檢視關聯性理由的合理性。特別應該問自己：

◆對方的論點在邏輯上是可以理解的嗎？
◆他的論述是否符合普遍的生活經驗？
◆是否出現跳躍性思考？

在「人不應該結婚！」一例裡，理想型理由為，對那些追求永恆之愛的人，互許終身理所當然就是下一步。這乍聽之下很合理。但在面對所有理想性理由時，我們都必須要思考：追求的理想是否符合現實？

針對理想型論點的反駁可以像是這個樣子：「永恆愛戀是浪漫主義時期的產物，並由好萊塢電影加以延續。如果你去觀察那些長達數十年的關係，你會發現，它們看起來像按表操課，沒有任何情感。永恆愛戀雖是美好的理想，但卻與普遍生活經驗相矛盾。因此人不該緊抓著錯誤的理想，而是該認清現實，才不會在進入婚姻關係幾年後，就因為沒辦法維持自己不切實際的理想，從天堂掉到地獄。」

反駁途徑4：說話內容有事實證明嗎？

對方如果是個能言善道的人，說出來的話有時可能聽起來很有邏輯、很合理，但最後還是必須回到這個問題：他的論述是否符合現實？若他並未提出明確的客觀證據，可以友善地要求他提供。因為在不用證明事實的情況下，當然什麼都能講得天花亂墜。

在「人不應該結婚！」一例裡，實用型理由為，結婚以後配偶雙方分開的可能性較低，因為離婚過程繁瑣、曠日費時。但真的是如此嗎？針對此項理由，有效的反駁可能如下：「如果看一下最新的離婚數據[69]，二〇一八年有超過百分之三十三的夫妻離婚。如果離婚手續真的那麼複雜，比例一定會明顯低很多才是。而二〇〇五年甚至出現百分之五十二的夫妻離婚。婚姻能讓人不分離的說法，雖然乍聽之下合理，但在檢視過事實之後，就會發現其實站不住腳。」

反駁途徑5：說話內容正確，但不是那麼重要嗎？

第五種反駁形式指的是讓對方知道，雖然他說的沒錯，但跟其他點理由比起來不太重要，可以略過。

在「人不應該結婚！」一例裡，利己型理由為，女生希望人生裡有一天能當穿著白紗的公主。這個願望通常是真實感受，也就是內在事實。針對這點理由，有效的反駁可能是什麼樣子呢？例如：「婚禮當天一切都圍繞著新娘打轉當然沒錯，新娘是整場的焦點。但這點理由真的有重要到讓你因此步入婚姻嗎？伴隨結婚而來的法律及情感後果數也數不清——不過結婚的真正目的在於結為一生的伴侶。現在權衡一下以上兩個論點，即與配偶共度生活數十年，以及當一天的公主。比較後你會清楚發現，當公主那個理由有多不重要。雖然這個論點有其道理，也一定符合許多新娘的情況，但就贊成結婚的理由而言，它完全無足輕重。」

反駁途徑6：說話內容可以被用來支持己方論點嗎？

第六種，可能也是最有趣的反駁形式是針對對方論點的內部邏輯。任務是讓對方明白，為什麼他論點的內部邏輯實際上是站在我們這邊的。在某種程度上，我們是「偷」他的理由來用在自己的論點上。這聽起來有點抽象，所以我想再次以前面的結婚論證為例。

前面贊成結婚的道德型理由提到，大多數人都認為，「人應對所愛之人負責」這個說法是正確的，所以我當時接著說：若雙方都認真看待對彼此的責任，願意同甘共苦，那麼唯有婚姻才能使人對未來做出自願、公正的道德承諾。

如果想把對方的論點用在自己立場相反的論點上，要如何使用（如何做有效的反駁呢）？舉個例子：「道德義務和強制性是兩碼子事。是否接受對於彼此的道德義務，並非取決於戶政單位裡的那份簽名文件。不管是否公開證明自己的內在意圖，都不會影響一件事的道德性，因為道德的重點在於某件事遵循了正確原則，而非其眾所周知。就算沒有正式婚禮、沒有登記進戶口名簿、沒有手上的戒指，對對方的承諾依然存在。」

在這項反駁裡，我們「偷了」婚姻擁護者的道德型論點，把它拿來用在自己的立場上。

再舉一個例子如下：假設你詢問一項產品多少錢，而售貨員跟你說了一個很高的價格。你回答他說這個價格對你而言太高了。聰明的售貨員此時就會把你的說詞用在他自己的論點上，回答你：「就是因為這麼貴，才能有最高品質與最佳服務！」你的反對論點（「太貴」）被他用來為高價辯護。在討論過程中，「偷」別人的論點非常好玩——不過還是應該格外留意「堅定對事，柔和對人」原則。

反駁途徑7：說話內容只是謬誤或言語詭計？

萬一對方使用了謬誤或言語詭計，那就必須將他揭穿。我已經在論證禁忌那裡（一一九頁）討論過最重要的十種謬誤。我們的任務是揪出那些謬誤和言語詭計，簡短向對方說明為什麼他的論點不具說服力，接著可以再要求他提供更好的理由。

再看一次結婚的例子，你的伴侶可能會用以下謬誤來嘗試說服你：「我所有好朋友都已經結婚了，也是時候輪到我們了！」這當然只是一種多數論點：大部分人都有做的事，不一定就是好的或對的。

不過除了謬誤以外，言語詭計也可能誤導我們。譬如說在被動式句子裡看不出應負責任的是誰（「沒辦法早點完成」），或者巧妙運用框架技巧讓原本負面的資訊感覺起來像是正面的（「我有一個非常好的消息要跟您說……」）。想揭穿言語詭計，當然就必須要先認識它們——推薦你閱讀《操控與反操控》一書，我在那本書裡介紹了十多個最重要的言語詭計[70]。

論證練習

大部分天性沒有才幹的人，都透過練習而變得能幹。

——德謨克利特（Demokrit）

在潔白說話術第一支柱的最後，該訓練一下你的論證能力了。最棒的訓練方式是使用範例主張，並以一個論證模型為根據，從頭到尾思考過一遍。整個過程很好玩，也應該要很好玩。根據我十年以上的辯論經驗，我知道如果主張愈有爭議、愈出人意料，訓練過程就愈好玩。我建議你用SEXIER模型來練習。若你有很多時間和動力，可以接著再用十二模組模型練習一次，看看兩種不同模型產生的論點會有多大差異。

在我提出十五個練習用主張之前，請先在一張紙上或Word文件裡記下以下基本架構：

Statement	S	主張
Explanation	E	理由
Example	X	實例
Impact	I	關聯性
Explanation of Impact	E	關聯性的理由
Rebuttal	R	反駁異議

練習時，你可以使用網路搜尋資料，逐步完成SEXIER論點六階段。

另外，你也可以把這個論證練習拿來當成演說訓練，很簡單，只需在SEXIER論證完成後，大聲地將你寫下的稿子朗誦出來，注意表達要流暢、有抑揚頓挫。若想評估訓練成果，可以用智慧型手機錄下你這一小段演說內容（可以只錄音，用來分析聲音，或錄影，分析聲音和肢體語言）。演說長度應該至少要五分鐘。可以採用以下十五個主張來練習：

1. 線上交友不可能出現長久的愛情。
2. 如果耶穌在世的時候必須選擇加入一個政黨，他會選共產黨。
3. 極端偏激的德國另類選擇黨（AFD）對德國的民主文化有益。
4. 女性基本上更適合當主管。
5. 想在工作與生活間取得平衡是不可能的。飛黃騰達與生活愜意猶如魚與熊掌不可兼得。
6. 侮辱他人者不應受罰。
7. 應該引進依智商加權的選舉權：智商愈高，投出的票比重就愈大。
8. 只有自卑情結的人才需要追求成功。

9. 性幾乎主宰了生活中的所有事。
10. 每個人都應該以自由職業為目標，擺脫吃人頭路的束縛。
11. 絕對不該跟伴侶坦白外遇。
12. 刑法對於蓄意犯罪應該採取應報主義：如果有人打斷了另一人的鼻子，他也會遭受相同對待。
13. 四肢健全的健康人士領取失業補助方案，應以三次為限，之後不能再領。
14. 看報紙一點意義也沒有，完全是在浪費時間。
15. 應該引進百分之百的遺產稅。

對大多數人而言，這十五個主張乍聽之下錯得離譜。但只要稍微思考一下、查詢一下網路資料，每個主張都能建構出合理的理由。我甚至建議先從你最不同意的主張著手。你可以獨自練習，也可以找朋友一起練習。花半小時練習、蒐集資料以後，你會發現，一開使覺得不尋常的主張，仍舊找得到很好的理由與實例。如果十五個主張通通都練習完了，想找更多主張來練習，那可以想想你自己內心深處的信念是什麼，然後站在它的對立面（不要練習正方）來陳述理由[71]。

而在論證練習之後，我們馬上要進入潔白說話術的第二支柱，你會知道如何提高自己的傾聽能力，讓你能更加理解對話夥伴、論證也更能朝著目標前進。

2 潔白說話術支柱二：更用心傾聽

最棒的想法來自於他人。

——愛默生

我今天遇見一位在電梯裡的胖子。電梯要往上，但他看到了我，很好心地幫我按著電梯門。我說我都走樓梯，他用認真的表情回答：「走樓梯對健康比較好！」電梯門關了起來，往上升。裡頭的他完全知道搭電梯對他而言不是最健康的選項。

這則故事跟傾聽有什麼有關係呢？非常簡單：我們都明白傾聽的重要性。傾聽意謂著能更理解他人。然而我們也都明白：聆聽可能像爬樓梯一樣累人。對方說得愈久，就需要花費愈多精力聽。

而傾聽也分為很多種。因為你可以用不同強度聽別人說話：例如煮飯或回郵件時左耳進右耳出；或者專心傾聽，想要給女友好的建議；或有同理心地聽，希望理解對方在說什麼、感受又是什麼。而這僅是傾聽的三種可能強度或聆聽層級而已。

有趣的是，從來沒有人教我們正確聆聽的方式以及不同的聆聽層級。學校老師教我們如何正確地閱讀、寫作和報告（也就是說話），但傾聽從來不是學校教育的一部分！我們顯然生活在一個著重說話，而非聆聽的文化。

更用心地傾聽有四大顯而易見的好處：

第一，好的傾聽者在溝通時是目標導向的，因為他知道對方是什麼樣的人、用哪種類型的論點最能說服他。

第二，好的傾聽者能更理解對方，更能預測對方的行為和反應，並隨之調整自己的話語與行動。

第三，好的傾聽者能與對方建立更深入的關係，讓自己在職場上更有好人脈、私下則是交到更好的朋友。

第四，最後，好的傾聽者會變得更聰明，因為他在傾聽時，不會漏掉對方的好點子，讓自己學得更快。

想學會傾聽，最好的方法是把你已經在十大技巧那章簡單認識過的傾聽十層級再回憶一次。同時也必須去了解，不同傾聽層級的人聽到別人說話以後，會出現什麼心態、哪種典型行為。

論證練習

不想聽見東西的人，最聽不見東西。

——卡爾・馬克思

古代的哲學家們已經在探討正確聆聽這個主題。例如中國哲學家莊子即言，我們應該聽之以氣——而不僅是聽之以耳或心[72]。近代學者們也努力將傾聽劃分成不同類型。卡爾・羅傑斯（Carl Rogers）與理查・法森（Carl Rogers）針對「積極傾聽」的研究特別值得注意[73]。

在我自己的「傾聽十層級」模型裡，傾聽基本上分為兩種：總想自己發言（一到六級）和真心想理解對方（七到十級）。遺憾的是，我們傾聽的目的基本上是為了讓自己有機會說話。只有當我們有意識地努力專心聽對方說話，才真正開啟真心想理解的傾聽模式。層級愈高，傾聽他人說話的意願就愈高。類似丹尼爾·康納曼的兩個思考系統[74]（系統1快思，系統2慢想），傾聽也可分成兩個不同系統。快速傾聽仰賴直覺、以我為導向，而緩慢傾聽則是理性、以你為導向。傾聽各層級的說明也能協助你更清楚分析你的傾聽強度。

傾聽層級1：假裝型傾聽

從來沒假裝過自己有在聽人家說話的人舉手！假裝型傾聽不難理解：對方在講話，我們給他空間、點頭、不打斷他說話，但腦裡完全在想別的東西——通常是在想自己接下來要說什麼。為了不露出馬腳，我們乖乖地與說話的人保持眼神接觸，但對於他到底說了些什麼，我們卻一無所知。

為什麼我們要假裝有在聽呢？理由有三：第一，我們認為對方與其說的話沒那麼重要。我稱這種情況「蓄意假裝型傾聽」。第二，突然閃過腦中的想法有時會害到我們：我正在聽某人說話，突然想到我昨天把信用卡從皮夾拿出來，但現在已經不在裡頭，但我馬上需要用它來訂機票……當自己的思緒結束之後，才忽然發現我沒在聽對方說話。但我有罪惡感，不敢坦白承認，所以我裝得好像從頭到尾都全神貫注地聽他講話：微笑、注視著他、點頭點得超勤。我將這第二種情況稱為「過失假裝型傾聽」。因為我其實是想聽的，我只是沒辦法，因為腦中思緒毀了我的計劃。

最後，假裝有在聽的第三個理由，可能也是最常見的理由：我們在意的是能說出自己的故事。我們如河裡的鱷魚般潛伏等待，對方一停下來，我們就馬上開始說自己的事。對方應該聽我們說話——那就是他在這裡的原因！

因為我們（幾乎）沒有聽到對方說了什麼，也就難怪這會是傾聽的最低層級。假裝型傾聽是很自私的，因為對我而言重要的不是理解他人，而是讓自己被他人理解。自我中心主義者在此問候大家！

傾聽層級2：縮減型傾聽

縮減型傾聽是日常生活中最普遍的禍害。顧名思義，其指的是，不讓對方先說完，就火速打斷他。

縮減型傾聽者是什麼心態呢？打斷對方，就是間接在跟對方說，他的資訊不有趣或不重要，我們自己緊接著要講的資訊遠比他要講的重要；抑或我們完全沒時間聽他說話。這對一段可能原本內容豐富的對話而言，非常致命。

為什麼縮減型傾聽在二十一世紀會那麼普遍？因為我們生活在「立刻」時代：什麼都該立刻到手，尤其是資訊。當對方沒立刻切中要點，我們就會沒耐心，用像是「請讓我插個話」或「很抱歉我必須打斷一下，但……」等句子打斷他。

如此一來，身為縮減型傾聽者的我們，只能猜測對方原本想說的內容。而重要的正好就是他沒講的那些細節。縮減型傾聽者雖然大概知道對方說了什麼，但就是漏掉關鍵的細微之處。

到這裡，來參加我培訓課的學員經常會反駁：「話多的人講話很浪費時間，如果不打斷他，他永遠不會講重點！」

我的看法稍微不一樣：就是因為多話，所以會在滔滔不絕的過程中透露許多小資訊，讓我們得以更了解他這個人及其態度。與其思考該不該迅速打斷他，倒不如問自己：「我想跟這位話多之人有任何牽連嗎？下次我是不是徹底避開他比較好？」

最後再提供一個實用技巧，如果自己變成縮減型傾聽的受害者時可以用。我建議：在對方打斷你第二次之後，你一字不漏地說：「你有發現你已經是第二次打斷我了嗎？」而我從自身的慘痛經驗學到，如果對方一再打斷，就必須重複上述句子，只是內容稍稍更動：「你有發現你剛剛又再次打斷我了嗎！」至少在重複使用這個技巧之後，對方很有可能就會停止繼續打斷或插話。

傾聽層級3：選擇型傾聽

有個從古典時代流傳下來的美麗故事。呂底亞王國的克羅伊斯王在向可恨的波斯國王開戰之前，向德爾菲的傳奇預言者諮詢。他想知道此次出師是否會成功。預言者回答：「若克羅伊斯愈過哈里斯河，會毀掉一個大帝國。」

我們勇敢的克羅伊斯王如何理解這句神諭呢？他以為當中的帝國毀滅指的是

波斯王國——但其實指的是他自己的王國。因為如此，他成了呂底亞的最後一個國王。人啊，就是只聽自己想聽的！而這有時會演變成災難。

我們是透過內在的過濾器在接收外在資訊，意即我們是用自己獨特的方式接收他人的話語，而非客觀地接受。你專屬的傾聽過濾器是由什麼組成的呢？它有許多面向：

1. 你經由父母和環境形成的信念和基本立場。
2. 你對某個人和某個情況的具體期待。
3. 你的偏見與成見。只有某些人講話或在講某些事時會聽，其他人事物就通常充耳不聞，或聽了之後馬上拒絕。
4. 你的內在意圖或興趣，意即若你想從某個人那裡得到什麼，那你就願意從容地聽他說話。
5. 你的情緒狀態，意即你當下是否感到膽怯、有壓力、憤怒或快樂。
6. 最後是你的身體狀態，意即你整體的能量等級，而這當然尤其會受到健康、睡眠和飲食的影響。

第一到第三點不太會隨著時間變動，而第四到第六點則可能每天或甚至每小時都在波動。嚴格來說，你用來選擇性傾聽別人的專屬過濾器不是只有一個，而是很多個。它們每小時更動，且彼此重疊。

這些已經使人不可能客觀地傾聽，但很不幸地，我們還會出現一種名為「確認偏誤」的認知偏誤，意即無意識地選擇聽見那些符合自身信念、期望和偏見（第一到第三點）的資訊。結果就是，我們每個人不僅活在自己特有的現實裡，還是被自己扭曲的現實。

為了至少稍微接近客觀現實，必須主動地去意識到我們的哪些信念、期望和偏見總是在影響自己——也就是要有自知之明。那句從古希臘時期就很著名的格言「認識你自己！」很有道理。

然而如何減少生活中選擇性傾聽發生的機會，並清楚認識自己呢？可惜你的朋友幾乎沒辦法幫你擺脫選擇性傾聽，因為他們通常跟你有一樣的看法與偏見。最棒、最實用的方法是跟與你意見相左的人聊天。就是因為他們想法不同，才能點出你自己沒想到、你朋友也從來沒注意到（因為他們在很多事情上都跟你想法一樣）的思維錯誤或偏見。而如果你個性內向，不喜歡跟意見相左的人交談，最棒、最實用的方法是，閱讀政治傾向或生活領域與自己不同的報紙或部落格。如果給它們機會，反面論點有時能稍微縮小我們的傾聽過濾器，讓我們看清現實。

傾聽層級4：戰勝型傾聽

戰勝型傾聽指的是把對話視為一種競賽。心態是：我或者他只有一個人可以是對的！

戰勝型傾聽分為兩類。第一類稱為反駁型傾聽，重點在於找到對方論證裡的錯誤、矛盾與漏洞。聽他說話的目的是要駁倒他。我們伺機而動，希望對方出現錯誤或與我們自身經驗相矛盾的事物。當「錯誤」出現時，就得意洋洋地把它指出來。在操控術裡，這種只攻擊對方弱點、使其丟臉的方式，被稱為「稻草人論點。」[75]

然而並不是所有反駁型傾聽者都是壞心的操控者。可是有非常多人把人生視為一場比賽，無論如何都不想承認別人是對的。若你想知道自己是否屬於這類人，那就問問自己：在聽某人講了一段時間之後，你有多常用「但是……」開頭？我知道來參加我課程和教練課的學員裡，至少十個裡有兩三個是這樣的人。

但如果你自己就是說「但是」的人，該怎麼辨？首先，基本上，就像其他事一樣，有自知之明，知道自己在答覆別人時，總是用「但是……」開頭，會有幫助。接著你可以不要將對話視為比賽，反而問自己：「即使對方有些觀點是錯的，但在哪些事情上還是對的呢？」這是所謂善意理解原則（principle of charity）的一部分。不過這點我稍後再詳述。

另外，當然有些人因為職業的關係，總是在找尋矛盾與錯誤。例如律師和法官找尋證詞裡的矛盾，或者心理治療師及商業教練。若你的職業是其中之一，那你就情有可原。只是反駁式傾聽經常會導致對方對抗你的反駁，為自己辯護。

沒人想在爭論中落敗。因此一般人對反駁式傾聽的反應會是用言語反擊，或滔滔不絕證明自己是對的。為了避免這些情況，你應該根據在我看來最重要的溝通原則來決定該如何反駁，原則即克勞迪奧・阿奎維瓦精闢的那句：「堅定對事，柔和對人」（更詳細內容請見第八十九頁）。

戰勝型傾聽的第二類是自傳式傾聽，其並非透過發現錯誤或矛盾在邏輯層面上戰勝對方，而是透過更引人注目的故事超越對方。

我還清楚記得，我的老奶奶有次在她位於烏克蘭的公寓住宅前，跟她兩位同年齡的朋友併坐在舊蘇聯時期的綠色舊長椅上，開始抱怨起身上的病痛。接下來發生的事，對當時七歲的我來說一點不意外：左手邊的朋友用更嚴重的病贏過我奶奶，而當然右手邊的朋友又接著講了一個恐怖醫學故事。

隔天又換另一位奶奶獲得痛痛冠軍。不過其中的原理很簡單：無論是最惹人同情、最引人讚嘆、最讓人恐懼或其他強烈情緒，自己講的故事都必須是最強的。當然了，會玩這種遊戲的不只蘇聯奶奶，任何想用自己的慘事，讓別人留下深刻印象的小孩與成年人都是。

再重複一次：自傳型傾聽的目的是贏得對話。因此會想比對方更聰明或更有趣，例如比對方更幸運，或是比對方更倒霉的倒霉鬼。重點是贏。

雖然我們已經位在傾聽的第四級，我還是想提醒一下，第四級仍然屬於總想自己發言的傾聽（層級一到六都屬此類）。這層級的傾聽，目的同樣並非為了理解他人，而是為了讓偉大的自我成為對話的中心。而既然提到自我，當然就是時候認識一下利己型傾聽。

傾聽層級5：利己型傾聽

利己型傾聽比戰勝型傾聽高一層級，因為利己型傾聽的重點不在盡快打斷對方說話，並提出比他更厲害的內容，利己型傾聽至少會先讓對方把話說完。雖然這乍聽之下是正面的，但利己型傾聽終究只是為了講自己的故事，並得到同等關注。這裡的心態是：我專心聽你說話，好讓你也同樣專心聽我說話。

利己型傾聽也分為兩類。第一類我稱作以自我為中心型傾聽，意即對方講完以後，我開始講我自己的事，把自己變成討論過程的主角，完全不碰、不評論對方講的東西。例如：我朋友在跟我說哄小孩入睡有多難。語畢，我就（沒對他的問題發表任何意見）開始說我做了一首新的吉他曲子，我很開心，想彈給他聽，我覺得很棒等等，完全忽略他小孩的事。但我並沒有惡意，而是因為我太自戀了，只活在自己的世界，只覺得自己的世界重要。

關於這點，我很喜歡史蒂芬．柯維（Stephen Covey）的見解，即人們彼此之間經常進行「集體性獨白」[76]，也就是自說自話，並沒有對彼此的言語做出反應，不構成對話，過程中的一切只跟我有關。你可以留意接下來十位跟你交談的人，看看當中有多少人用「我」當發語詞。

利己型傾聽的第二類稱為獲利型傾聽。雖然有在聽對方說話，但原因並不是想分享他的生活或想法，而是希望能他的話語中得到好處。美國人有一個詞：brain-picking，意譯為：摘取對方的大腦。

獲利型傾聽也是自私的，因為目的不在於理解他人，僅是為了從其言語中獲利。雖然聽對方說話的態度相對專心，但也只是為了把對方當知識箱用。

傾聽層級6：諮詢型傾聽

諮詢型傾聽是一種讓人無法看透的傾聽方式。它感覺起來好像很符合道德、很有用、很棒，但實際上是想充當專家，提供對方他根本就沒問的建議，藉此覺得自己很有智慧。

諮詢型傾聽也是自私的，因為提供建議會讓人覺得自己是超級心理學家，能百分之百體會對方的處境，也完全清楚對方該做什麼。

未被詢問建議，卻仍提供建議的諮詢型傾聽者，典型會說的話是：「我完全明白你的感受，建議你……」或「我跟你說一個訣竅，絕對會對你有幫助……」接著他說的卻是對他自己有幫助的東西，實際上是在講自己的希望和感受。

有時候諮詢型傾聽者也會說：「這不是你的錯！」，藉此認可我們的行為。或者雖然他自己從來沒經歷過同樣的情況，卻還是提供我們建議，用鏗鏘有力的聲音對我們說：「下次你必須這樣這樣做」，有時則充滿智慧：「但從這個情況你可以學到很多東西！」這種假裝為別人好的行為只是為了提高他的自我價值。

為了避免自己陷入這種分析他人心理、假裝為別人好的模式，我推薦你一個很簡單的原則：若對方沒問你，就絕對不要提供建議，當他明確詢問你的意見或評價時再給建議即可。但最好你也的確了解他的問題，自己曾經有過同樣的經驗。除非你的工作就是顧問，那當然就非提供建議不可！

傾聽層級7：專注型傾聽

我們終於來到真誠傾聽的第一層級，專注型傾聽。顧名思義，專注型傾聽者什麼都不想錯過，把全部的注意力都放在對方的言語上。對方口中說出的每一字每一句他都不會漏掉，同時也是真心想理解。

尤其他們停止了內心的獨白，偶爾甚至還會做筆記。他們從不打斷別人說話，不想漏掉任何事實層面的論點。但可惜的是，專注型傾聽者從不做一件事：他們從不問問題。不管是批判性或幫助自己理解的都不問，就只是被動地聽。而這種被動式傾聽在世界上不在少數。

世界上有這麼多尊重講者、有禮貌，但卻被動的傾聽者，是很令人訝異的一件事。而身為修辭學家，我很自動地會去注意對方向我提出多少問題。數量經常是零。原因跟我們的文化有點關係：提問被視為沒有禮貌。某人只是提了一些問題，就必須被指責：「你是想打探我什麼事嗎？」針對這點，我想鼓勵你至少每次對話都主動提出一個問題。因為這會讓對話更活潑，你還會得知以前不知道的東西。

傾聽層級8：積極型傾聽

只有積極型傾聽者才會問問題，而他感興趣的，除了對方表面上說的東西以外，還有其背後真正的涵義。與傾聽前七層級不同，在這第八層級首次需要運用到具體的傾聽技巧。

積極傾聽技巧1：詢問

積極的傾聽者做任何事都要有十足把握，不留任何漏洞。如果對方表達得不清楚或讓人無法理解，積極的傾聽者就會向其詢問。

想像你同事在結束公司內部簡報之後，心煩意亂地回到你們共同的辦公室。他告訴你：「噢，天啊！其他同事不太喜歡我的簡報內容！我真的不知道為什麼！部門主管甚至直接走出去！」

為了更清楚了解到底發生了什麼事，積極的傾聽者首先會很客觀地詢問是從哪裡看出其他人不喜歡簡報的，還有部門主管是在簡報進行當中就離開，還是簡報結束後。想百分之百了解情況，可能還需要提出其他問題。

積極地傾聽者知道，只有自己完全清楚事實情況，才有辦法真正了解。人很常在尚未清楚確切狀況之前，就提出建議（提示：諮詢型傾聽），難怪大部分提出的都是二流建議。

積極傾聽技巧2：換句話說

積極傾聽的第二個技巧是換句話說。用你自己的話把對方說的內容重講一次。這會產生兩個正面效果：第一，你同事會覺得自己被聽見。第二，你換句話說之後，他有機會能糾正或同意你的說法。換句話說通常會用到的措辭是：

◆我的理解正確嗎？你是說……
◆你的觀點是……
◆容我做個總結，你覺得……

換句話說之後，有時會發現你並未正確理解對方說的內容、指涉的意思。原因也可能出在對方身上，因為他並未清楚表達。然而對積極型傾聽者而言，誤解的源頭是誰都無所謂。他就是很真誠地想理解對方。而除了詢問和換句話說以外，積極型傾聽者還有其他三種技巧可用。

積極傾聽技巧3：釐清細節

積極傾聽的第三個技巧是詢問細節。此技巧與第一個詢問技巧不同的地方在於，它不問大方向，而是著重在細節，那些細節可能對於理解對方極為重要。

比如說你可以問那位心煩意亂的同事，部門主管離開簡報室的具體時間是什麼時候。畢竟主管可能是在最後五分鐘時離開的，實際上並沒有錯過任何一點簡報內容。

你可以先在心中推測一個情況，再以此為基礎詢問對方。例如你可以想，部門主管拿著她的手機往外走，因為她收到一則重要的訊息或接到一通重要的電話，所以必須馬上回覆。

人通常會覺得外界發生的情況跟自己有關，雖然經常是其他外界原因導致某個特定反應出現。我們的同事認為他的簡報很爛，但也很有可能是，某位重要客戶傳了一封簡訊給部門主管，請她緊急回個電話。在此情況下，她離開簡報室的原因就跟簡報品質無關。

如果你把自己放進對方的情況，找找看有沒有其他解釋方式，就很容易想得到詢問細節的問題。使用此傾聽技巧時，你就像是福爾摩斯或神探可倫坡，透過詢問微小但重要的細節來挖掘真相。

積極傾聽技巧4：繼續探究

積極傾聽的第四個技巧是繼續思考、探究對方描述給我們聽的情況。對方告訴我們的，經常不是故事的全貌。但為了能夠正確評斷和理解，當然就必須也知道它的結果為何。

在我們的例子裡，你可以問問那位心煩意亂的同事簡報結束後是否有試著跟主管談談，或者是否有打算今天晚點跟她談。有時人在某個時間點會陷在某些情緒裡，完全不想知道接下來會發生什麼事，或可能發生什麼事，或眼前情況對他來說代表什麼。你可以問那位同事想不想晚一點聽聽主管對簡報的反饋——藉此間接讓他想到，能在與主管交談的過程中得知她對簡報的真實看法。

積極傾聽技巧5：告訴我更多-技巧

由於積極的傾聽者不害怕聽到對方說不，也不害怕對方公然反駁，在對方明確表達「絕對不！」之後，聽者自己還是能用「告訴我更多」技巧，流暢地將對話繼續進行下去。比方如果一位客戶說線上課程對進修一點意義都沒有。一開始並不清楚為什麼他會有如此強烈的排斥，所以此傾聽層級的任務當然就是去了解他拒絕的理由。對方說不或堅決反對之後，你可以試著這樣說：「您會拒絕肯定有非常合理的理由。您能多告訴我一些嗎？」

稍後在第三支柱我們還會介紹「敘述問題」，其中會說到，「告訴」一詞禮貌地邀請對方多說說他的拒絕立場。等他說完理由之後，你就能用反駁的七大途徑專業地反駁他的理由。

積極傾聽技巧6：利用停頓時間

由於積極型傾聽者不會總想自己發言，因此也就能夠忍受對方短暫停頓。因為我們每個人都經常需要一點時間整理自己的思緒、找到合適的話語。不過像是利己型傾聽者就總是會利用對方話語間的空檔講自己的事。

相反的，積極型傾聽者知道這樣的停頓蘊含了非常珍貴的資訊。如果你給對方思考、選用適當的措辭表達，不一直講自己的事，那你就會得甚至對方自己都不知道的資訊，因為他之前還沒有認真想過。

關於這點，海因里希・馮・克萊斯特（Heinrich von Kleist）已經在其精彩的〈論說話過程中逐漸成形的想法〉一文中寫過[77]：

若你想了解某件事，又無法透過冥想拾得其中道理，那麼我建議你，我親愛、聰敏的朋友，跟下一位碰見的人談論那件事。……法國人說 l'appetit vient en mangeant（吃了，胃口就來了）。同樣道理，你可以模仿這句話，說 l'idee vient en parlant（說了，點子就來了）。

雖然克萊斯特文章的意思是，我們應該要跟其他人談談，透過交流發展出自己的想法和點子，但由於目前的主題是傾聽，上述情況當然也適用於我們的對話夥伴：為了讓他有機會想到新點子，或將尚未發酵完畢的點子想完，我們應該讓他該講的時候講、該停頓的時候停頓，不要一直講自己的事，打斷他的思路和停頓。然而積極型傾聽者沒做的，是同理對方的想法感受。這發生在下一個層級。

傾聽層級9：同理型傾聽

同理型傾聽指的是，聽者除了客觀事實層面以外，也會**從感受層面理解對方**。他想了解對方事情發生當下的感受是什麼，現在的感受又是什麼，以做出適當的反應。

同理心並非神祕的偽科學，它跟敏銳的觀察力息息相關。仔細觀察，接著用說的方式，說出對方無意間釋放出的非語言訊號，會大大幫助你更有同理心。這些透過肢體語言和聲音語調傳遞出的訊息，使你更能體會對方的情緒。首先讓我們看一下肢體語言訊號。

【同理傾聽技巧1：分析肢體語言】肢體語言會透露一個人的情緒，而人每秒鐘的情緒都在變化。保羅・瓦茲拉威克（Paul Watzlawick）著名的溝通原理也說：「人不可能不溝通。」跟別人聊天時，每個人都不斷地在傳遞非語言溝通訊息。因此同理型傾聽者會盡可能與對方維持眼神接觸，避免錯過對方的肢體語言訊號。

一位好的傾聽者每次聊天時，通常會觀察：對方什麼時候開始坐立不安？什麼時候把目光移開？什麼時候緊張地撫摸大腿？什麼時候不自覺坐得離我愈來愈遠？什麼時候咬嘴唇？什麼時候開始緊張地撫平眉毛？什麼時候用手掠過髮絲或開始玩長髮？

分析肢體語言時，你就如同側寫師一般：觀察對方每個平常不會出現的肢體語言，並試著將肢體語言訊號對應其講話內容，感受對方的情緒。

順帶一提，能閱讀他人的情緒屬於情商範疇[78]。雖然由丹尼爾・高爾曼（Daniel Goleman）帶起流行的情商一詞對許多人來說就像天書一樣，我現在還是想提供七個能幫助你讀出他人情緒的具體表情。

尤其所謂的微表情[79]，也就是短暫的臉部表情，會透露出對方不相信你說的話，或他不相信自己（比如為了在你面前維護面子因此說了假話）。以下幾個微表情值得特別注意：

- 經常眨眼睛
- 短暫皺眉
- 短暫挑眉
- 短暫擺動頭部
- 短暫撫摸下巴或鼻子
- 短暫嘴角上揚
- 短暫抿嘴

再說明一下：所有這些肢體語言訊號當然都只是對方情緒有些異常的跡象。另外，想察覺這些微表情極度困難，因為部分微表情僅持續幾毫秒。

不過對日常情況而言，以下基本原則就足夠：當對方的肢體語言突然開始改變，並且變得愈來愈不安，就該開始特別專心留意他說話的內容及說話的方式。若他說的和感受到的不一致，那謊言就在不遠處。由於大多數人都不太會說謊[80]，你就應該仔細注意那些平常不會出現的肢體語言，去探究他目前的感受可能是什麼，又為什麼會有這種感受。

除了觀察別人的肢體語言以外，你也可以刻意運用自己的肢體語言來鼓勵對方多講講他自己或感受。你可以——尤其當對方變得比較情緒化時——善解人意地點點頭、維持適度地眼神接觸，並用開放的肢體語言，邀請他多分享自己。

相反的，封閉的肢體語言、質疑或不信任的眼神以及往後靠的坐姿，就會給對方你想跟他保持距離的感覺，可能會讓他不想向你吐露心聲。因此，有同理心的傾聽者會用自己的肢體語言打造正向、專注的對話。

【同理傾聽技巧2：分析聲音語調】除了肢體語言以外，聲音當然也會透露一個人當下的感受。跟肢體語言很像，分析語氣的重點也在於找到與平常言語模式不同的細微差異。我比照微表情，將這些差異稱為微語調。

所有微語調都顯示出對方對自己的言語感到不安，可能沒完全跟你說實話，或與其情緒不一致。建議特別留意這些微語調：

◆忽然改變音量
◆忽然出現攻擊性或難過語氣
◆忽然出現「嗯」或停頓
◆忽然清喉嚨或咕噥
◆回答時忽然猶豫
◆忽然大聲呼吸
◆聲音忽然出現顫抖

如同肢體語言，這些微語調也都只是跡象。而同理型傾聽的重點正好就在：發現對方的真實感受，而非僅是理解他的言語。

跟肢體語言一樣，我們也能透過聲音邀請對方多分享、更坦白以告。想成功做到這點，你就必須去除所有帶有批判、負面的聲音和語調，使自己聽起來讓人想靠近、不帶偏見、充滿好奇。

然而光是觀察微表情和微語調仍舊不夠。雖然可以推測對方的感受，但當然沒辦法知道是否確實就是推測的那樣。真正知道他的感受是什麼的人，當然是對方自己——他也能透露給我們！這就是重要的同理傾聽技巧3，即用言語表達察覺到的情緒。

【同理傾聽技巧3：用言語表達情緒】此技巧指的是將對方壓抑或隱藏的情緒用言語表達出來——透過你。人經常（尤其在職場）力求圓滑客觀、實事求是。但同理型傾聽者當然清楚，除了客觀事實以外，情緒也扮演同等重要的角色。只有當你知道對方對某件事抱持什麼情緒，才有辦法完全了解情況。

我們再回到那位因為不滿意自己的簡報表現所以心煩意亂的同事。為了弄清楚他當下的感受，你可以問他：「部門主管出去的時候，你憤怒嗎？」或者可以評論：「你講到部門主管的時候，看起來好生氣！」現在最重要的來了：忍受安靜！理想狀況下，對方此時就會敞開心房，向你透露他當時的感受。不管聽者是否正確辨別對方的情緒都無所謂，因為一般來說，如果你講的是錯的，他會立刻糾正你，並坦承主管離開簡報室時，他不是憤怒，而是失望或無力或失落。對方提了這些情緒以後，同理型傾聽者更能理解對方的感受，以及其真正的問題，並給予更好的回應。

提出非暴力溝通的馬歇爾・盧森堡（Marshall Rosenberg）甚至說，我們完全可以認為，對方希望我們用言語傳達他表現出來的情緒[81]。這說的非常有道理：我情緒激動的時候，若對方也如實接收、反映這個訊息——而非只是忽略，對我格外重要，我也會很珍惜這樣的舉動。

因此，同理型傾聽不僅讓你了解對方的想法和問題，另外也能體會他的感受。

傾聽層級10：協助型傾聽

現在我們終於抵達傾聽的最高層級，也就是協助型傾聽。在我說明這類型傾聽的「協助」內容是什麼之前，讓我們再仔細看一次同理心這個概念。

在日常生活中，同理心被理解為感同身受的能力。而同理心又可分為認知同理、情感同理。保羅．艾克曼（Paul Ekman）認為[82]：「認知同理讓我們理解他人的感受。情感同理則是讓我們感受他人的感受，使我們想要幫助他人。」

同理型傾聽指的是，仔細觀察肢體語言和聲音語調，以及用言語表達情緒，想藉此在認知上理解對方的感受。相反的，協助型傾聽則從客觀事實層面來到了情緒層面，除了理解以外，還親身感受對方的痛苦。就是這樣的感同身受，讓我們產生了同情心，除了想理解以外，也想主動提供協助。

而「協助」的內容可以是什麼呢。它一方面可以是言語（心理上）的協助，另一方面可以是實際的幫助。

心理上的幫助

說到「幫助」，我們先想到的是大力支持。然而簡單的話語和表示，卻經常比我們想的更能幫助到人。當注意到別人正感到痛苦，與其提供對方一個合乎邏輯的建議，輕拍肩膀或緊緊擁抱更能給予對方支持。

有時甚至只需要聽對方把故事從頭到尾說完，陪在他身旁，不評論。有時這樣的舉動，是無價的。付出耳朵、付出時間、付出同理心，也許什麼話都不說，這就是最棒的友情、最美好的愛情。

如同前面克萊斯特的引文，重點在於藉由傾聽，幫助他人走出自身感受的迷霧。對方應該弄清楚什麼對自己是重要的，接下來又應該怎麼做。協助型傾聽超越同理型傾聽，因為協助型聆聽並不止於理解，而是把目標放在幫助他人。

若某人講話過程未被他人打斷，他講了一段時間之後，自己經常會自己得出新的結論，知道自己真正需要什麼。而協助型傾聽者清楚知道這個道理，所以他會給對方適當的時間整理思緒，讓他依自己的步調找到方法。

協助型傾聽者當然能透過聰明提問來加速這個過程，或引導對方這麼做。這種傾聽形式類似所謂的蘇格拉底反詰法——透過問題，引導對方辨識出自己的矛盾和思維錯誤，並用此方式幫助他們走出想法或情緒迷宮。蘇格拉底催生對方的思想，協助他們自己「生出」自己的見解，而不是直接把正確答案送到他們面前。[83]

蘇格拉底對談的目的，在於探究思路和邏輯錯誤，協助型傾聽的情感同理也在處理不合理或不良的情緒。聰明的提問，能讓對方擺脫那些情緒。

針對情感同理，我要再提出警告：當我們共感他人的痛苦時，會對我們自己造成很大的情緒壓力。因此我們應該審慎思考，自己要對誰感同身受，對誰又只需要設身處地理解，但不覺察其負面情緒。例如可以把心理治療師當作榜樣。心理治療師因為職業進行協助型傾聽，但絕大部分都是使用認知同理，情感同理幾乎沒有，如果有，佔比也極少，跟患者的感受保持適度的情感距離，避免自己持續感到痛苦。也就是說：情感同理或會為自己帶來情緒上的負擔，所以應該僅在例外狀況使用，對象也應該是我們最親密的人，避免自己情緒失衡。

實際上的幫助

當然協助型傾聽也可以是提供他人建議，或從行動上支援他人：孩子做作業遇到困難，協助他找到解答；朋友想省更多錢，提供他好建議。或讓老朋友借住你家三個月，直到他找到新住處為止。

提供什麼樣的協助對你來說是適當、正確的，當然就取決於你跟對方關係的親近程度、問題的嚴重程度還有你內心的同情程度。

這裡我想再提一下協助型傾聽跟諮詢型傾聽（傾聽層級六）之間的一個重要區別：諮詢型傾聽者只是在等著要讓自己當專家，藉此覺得自己很聰明、重要又優越。而協助型傾聽則是真誠地想幫助別人。在感受他的情緒狀態之後，再以此為基礎提供對他最好的建議——而不是從我看來最好的建議。這兩件事之間的差異很小但很重要！

總的來說，協助型傾聽包含四個步驟：

第一，辨識對方的想法與情緒
第二，理解對方的想法與情緒
第三，感受對方的想法與情緒
第四，做出反應，提供協助（建議或行動）

協助型傾聽無疑是條通往成功關係的大道，因為我們得以藉此與某人建立長久、穩定和緊密的關係。不過，是否對所有人，都應該有同理心地傾聽或提供協助嗎？

你應該使用哪個層級的傾聽？

在現實生活中，花上幾個鐘頭時間聽每個人講話，並且還立刻提供協助，簡直就是不可能的任務。第一，一天只有二十四小時；第二，不是任何人講話我們都想聽、不是任何人都會讓我們憐憫，有些人就是讓人覺得討厭。而且傾聽十層級的意思，絕不是在說無論如何都該努力達到最高層級！

因此，我給你的建議非常實際：你應該先了解傾聽的十個層級，接著依情況和對象的不同，決定用哪種層級的方式傾聽。

也就是說，在某些情況裡，我也會建議使用傾聽層級一到六。比方說你搭上一列火車，而鄰座乘客居然想對你闡述他的人生經歷，但你對他的人生沒興趣，想靜靜享受旅程或思考自己的問題，那麼縮減型傾聽就會是最好的策略，我建議友善但直接、清楚地打斷那位乘客說話。我認為這裡需要的不是禮貌，而是對我們自己、對自身時間和想法的尊重。

或者有個煩人的銷售人員想說服你買下一項產品，講了一些又假又沒邏輯的東西。這時何不開啟反駁型傾聽模式，用反面論點轟炸他，讓他迅速落慌而逃？世上有一堆用假新聞、陰謀論和毫無意義的問題來煩我們的人——冷酷地提出事實反駁會很有幫助。

或者如果你在跟一位律師講話，他提供你一個簡短的免費諮詢會談，介紹他自己以及提供的服務，那利己型傾聽當然就是最好的方式——也就是說，以自身利益和獲取知識為導向，聽聽看實際訴訟對你可能有什麼好處。如果你已經能從這簡短的會談中蒐集到足夠的資訊，事後就不一定真的需要委任他當律師。

如你所見，每個傾聽層級都找得到許多生活中的例子。但我希望在了解十個傾聽層級以後，你能有意識地在每個情況中為自己選擇正確的傾聽層級。

給優良傾聽者的七個建議

老天爺只給了我們一張嘴，卻給了我們兩隻耳朵，這表示我們應該少說多聽。

——埃利亞的芝諾 Zeno of Elea

至此，你已經認識了傾聽的十個層級，也知道了每次對話都該有意識地選擇其中一種傾聽方式。現在我想提供你七個非常實用的建議，除了生活中幾乎每個情況都用得到以外，也能持續增強你的傾聽能力。

傾聽建議1：善意的解讀

我已經在前面反駁型傾聽那裡提過，許多人會在聽別人說話時，尋找對方話語中的錯誤與矛盾，因為他們想要在交談過程中「獲勝」。這類人對出風頭的喜愛幾乎接近病態，非要拉下對手才會開心，有時還會使用稻草人論證。但這當然不是什麼光彩的行為。

早在古典時期和中世紀，善意理解原則[84]（principle of charity）已經廣為學者所知，其邏輯與上述反駁式傾聽完全相反：對方說的一切內容，都會盡可能被正面詮釋與理解。於此原則下，我們會假定對方的論點是理性、合理的，即使他並未使用精準的概念以及最佳的理由和實例。

此原則的意義在於更理解對方，並從其想法中學習。因此我們善意地認為，他是由於時間限制或其他阻礙，才沒辦法完整闡述其論點，或說明表面上聽來矛盾的說詞。

舉一個例子。假設有人用以下話語抱怨他的主管：「我超受不了我主管。他很專制，不會問我們團隊任何一個人的意見。他昨天問我對新設分店有什麼看法，我聽到之後的感覺就是，反正他最後也只會照他的意思做。」

這段話乍看之下是自相矛盾的。矛盾點在於，說話的人一方面說主管不會問任何人的意見，但下一句話卻又承認主管昨天詢問了他的看法。

反駁型傾聽者馬上就會提出這裡有矛盾之處。相反的，如果基於善意理解原則，我們會認定他的說詞是正確的，相信主管基本上不會問任何人的意見，昨天會問他問題，完全是例外。如此一來，那位生氣的人說的話，就完全有其道理。

第二，我們可以對上述言論提出反對意見，說它並不完全符合邏輯。因為主管不採用下屬的點子，不代表他事前沒有仔細檢視那些意見。說不定他採用了其他同事的點子，只是那位生氣的說話者不知道而已。然而在這裡，我們還是可以善意地認為說話者講的是事實，主管從來不採用任何一位下屬的意見。

近幾年英文裡出現了稻草人論證（straw man argument）的相反概念：鋼鐵人論證[85]（steel man argument）。鋼鐵人的形象說明了，即使是想反駁的時候，還是應該盡可能將對方的論點視為是最強的。善意解讀對方的論點，表示你除了是一位好的傾聽者以外，還是一位公正的傾聽者。

傾聽建議2：克服傾聽時的阻礙

在我的《操控與反操控》一書裡，我寫過所謂的認知偏誤，也就是思考時，如大腦軟體錯誤般扭曲我們想法的內部過程。不幸的是，在聽別人說話時，大腦也會出現這種情況，嚴重侷限我們接收訊息的能力。這是什麼意思？

即使我們是抱持真心想理解對方的態度在聽他說話，有時腦中還是會無預警地自己浮現出想法，這想法有時跟對方正在講述的話題完全無關。為什麼會這樣？我很喜歡用一個出現在中古高地德語裡、現在幾乎沒人在講的說法來解釋此現象：「我覺得……（Mich dünkt……）」

當我們想表達某件事讓某人有某種感覺的時候，就會這樣這麼說。這是它最原始的意思。然而我覺得這種說法最棒的地方在於它有以下涵義：某件事讓我產生某種想法。

雖然我們都覺得自己會形成想法，有時也的確是這樣沒錯，但我們的大腦有時會自己出現某些想法——全非出於我們的意願。簡而言之：有時你自己形成某種想法，有時則是某件事讓你產生某種想法。這乍聽之下有點矛盾，但以夢為例，就很快能夠理解。我們睡覺前無法預定會做某個夢，夢是大腦提供給我們的。雖然研究人員還不清楚為什麼我們會做夢，對於做夢有哪些演化上的功能，也僅有假設，但夜裡大腦讓我們產生想法，依舊是事實。

大腦能在夜裡做的事，當然也能在白天做，所以它會不時讓我們產生某種想法。也就是說，想法會突然毫無預警地從潛意識某處冒出來。

這件事本身不好也不壞。然而如果是發生在跟別人交談時，就會讓我們沒辦法繼續聽下去。因此我才會說這阻礙了傾聽：雖然很想專心聽，但腦中突然出現的想法卻讓我分心。

如果發生這種事，該怎麼辦呢？非常簡單，把忽然出現的想法迅速想完，或試著刻意不去想它。在這段時間內，我們大多下意識地假裝有在聽。直到想法消失了（有時要花三十秒或一分鐘時間），才繼續聽對方說話——不過這時已經漏聽了一部分。但坦承以告太丟臉了，所以寧願沒聽懂全部內容，也不想承認剛剛完全心不在焉。

以下原則可能不太會讓你意外：如果你是抱持真心想理解的態度在聽對方說話（傾聽層級七到十），那當然就必須鼓起勇氣承認你剛剛分心了。這可以透過簡單的一句話來表達，像「對不起，我剛剛短暫分心了一下。可以請你再重講一次剛才的想法嗎？」

講這樣的話當然有點令自己難堪。但如果你真心想透過傾聽理解對方，為了避免漏掉他潛在的重要想法，誠實地道歉絕對必要。

傾聽建議3：傾聽內在的聲音

重要的人說話時，當然必須有同理心地傾聽，並提供所需協助。然而有一位很重要的人，你在傾聽過程中絕對不能忘記：那個人就是你自己。

知名心理學家和心理治療師卡爾・羅傑斯（Carl Rogers）就說，想好好傾聽他人，前提是先傾聽自我[86]。我看過許多無私的人為別人付出一切，卻什麼都沒為自己做。這種人只聽從他人的願望和請求，卻忽視自己內心的聲音。不過我完全同意羅傑所說，唯有先傾聽內心，才有辦法了解自己的立場、價值觀與需求[87]。

另一位知名心理學家和心理治療師馬歇爾・盧森堡（Marshall Rosenberg）也認為傾聽自己內在的聲音是必要的。當我們內心突然出現某種「想法」時，不要忽視它。唯有傾聽內在聲音，才能理解自己、原諒自己，並且防止自己僅因為義務、罪惡感或羞愧感就去做某些事。我們的一切行為都該符合自己的內心需求[88]。

要如何找出我要的是什麼，我內心的聲音又在跟我說什麼？答案很簡單：用同理心去傾聽你內在的聲音。仔細觀察：內心出現了什麼想法？內在聲音給了你什麼建議？讓它把話說完。不要評價。試著去理解潛意識要告訴你的東西。

提供一個很有用的建議：早晨夢醒之後，不要馬上起床，而是閉著眼睛，在半夢半醒之間，給內在聲音至少五分鐘的時間。重要的是，把所有注意力放在你的想法和情緒上，去傾聽它們。在內在獨白結束之後，才開始進行分析。冥想能加強此過程，讓我們更能自我覺察。

我邀請你明日早晨有意識地傾聽你內在的聲音，看能不能藉此找到你自己的路。如果想擁有快樂人生，終究還是要把「我應該」轉變成「我想要」。只有定期傾聽內在聲音，願意幫助自己，才有辦法發現你確切想要的東西。據說心理學家卡爾・榮格（Carl Gustav Jung）曾說[89]：「若沒意識到潛意識，它就會操控你的人生，而你會稱其為命運。」

傾聽建議4：傾聽憤怒的人們

要去聆聽那些暴怒的人說話，是格外困難的一件事。一般來說，如果對話者是這類人，我們會想辯駁，想打斷他，於是自己也愈來愈來愈大聲，不知不覺也憤怒了起來。

負面情緒充滿毒性。若不想被對話者的怒氣和音量傳染，需要聰明的策略。但在聽憤怒、講話大聲的人說話時，正確的傾聽策略是什麼呢？

首先，對方處於生氣情緒大吼大叫時，你應該保持安靜，不要打斷他。怒氣會隨著時間消逝。沒人能長時間生氣，安靜聽他說話，他的情緒就逐漸平靜下來。相反的，若你一直發表看法，就會不斷引起他的反彈，讓他繼續怒氣沖沖地說話。

第二，在激烈的對話中，要注意自己的情緒——尤其當對方反駁你，或對你做出負面評價的時候。因為反駁或評價經常被視為人身攻擊，會讓我們想為自己辯護，也會變得有攻擊性。而即使心裡波濤洶湧，我還是建議至少對外要保持平靜，避免情況愈來愈嚴重。一個巴掌拍不響。如果你表現得很平靜，搭配平靜的肢體語言，他就也會慢慢冷靜下來。

第三，應該要思考：為什麼他會用這麼憤怒的方式跟我說話？他有什麼問題？為什麼他不滿意？也許他的負評有某些道理（關鍵詞：善意解讀）？最後：他需要什麼才能冷靜下來？愈設身處地替他著想，就愈容易理解他的憤怒。

不久前我坐在開往杜賽道夫的火車上。火車誤點了一個小時，坐我隔壁的乘客很生氣查票員對她態度極度不禮貌。雖然火車嚴重誤點，但她認為查票員在這種情況下更需要對乘客友善。她的立場是可以理解的。但我回答她說，可能在我們之前已經有很多乘客向查票員抱怨火車誤點，所以查票員自己也許已經在怒氣爆發邊緣。這時她才對查票員的行為表現出同情與理解，之前她沒想過為什麼查票員的情緒會這麼激動。我並不是要幫查票員不友善的舉止辯解，隨時對乘客保持友好才是專業態度，畢竟這是他工作的一部分。但若能理解他為什麼心情差，並至少稍微同理他的行為，就能讓我們自己保持平靜，比較不會因此動怒。

最後，第四，如果你沒辦法控制自己的負面情緒，我想向你介紹一個實用又簡單的技巧：延期。如果某人處於憤怒情緒、態度不友善，那你不必試圖讓他冷靜下來，也不用挑釁言語讓衝突加劇，而是用平靜的語氣講這句話：「由於我想客觀地跟你討論這件事，但我目前非常生氣，所以我建議我們半小時後再繼續。」

請注意，在說上面那句話時，是承認自己的生氣情緒，但沒有在評價對方的情緒狀態。因為如果我們說「讓我們稍後再談，因為你（或我們）沒辦法控制自己的情緒」，這是在推測、評價對方的情緒狀態——沒人喜歡這樣。但如果你只提自己的感受，並建議為了兩人好先暫停一下，對方通常都會同意晚點再討論。半小時以後，雙方的怒氣大多煙消雲散，可以用有建設性的態度和彼此交談。

傾聽建議5：給父母和主管階層的建議

現在我要介紹的，是特別要給父母以及主管階層的建議。兩者之間有什麼共同點呢？他們都屬於某種權力關係——父母與主管階層在上，孩子與員工在下。當然你可以反駁說，我們的社會正往階級水平化的方向移動。然而在我提供訓練的不同企業、行業裡，沒有階級水平化這回事。在大部分企業裡，做決定的永遠都是領導階層和部門主管。而在家裡，對重要問題有發言權的也都是父母，很少是小孩。

在階級關係鮮明的地方，身處下位的人，經常會害怕表達意見或公開反駁「在上位者」。

然而如果你，不管職場或私人生活，在某團體裡屬於在上位者，你就格外有責任在團隊中建立全體成員的心理安全感[90]（Google企業稱其為Psychological safety）。在擁有心理安全感的團隊裡（小家庭當然也算），不用擔心因為提出了某些看法或說了某些話，就被否定、孤立、嚴厲批評或甚至懲罰。

在這樣的結構裡，主管人員特別需要擔起責任，因為對整個團隊而言，他或他們的行為模式具指標性作用。假設主管打斷團隊裡一位穆勒先生說話，他就是不自覺地在邀請團隊裡的其他成員也做同樣的事、也打斷穆勒先生說話。若孩子或居下位者提出不同意見，父母和主管們應該要努力傾聽，並且給予尊重。可惜的是，在團隊會議或家庭裡，令人難過的景象並不少見。父母或主管們決定了某事、自信滿滿地把那件事宣布出來時，沒人敢提出批評。

優秀的團隊有兩個重要的共同點[91]。第一，無論地位高低，每個團隊成員都差不多有同樣的發言權。第二，每個人，尤其是團隊裡地位高的人，都會留意其他成員的臉部表情和聲音語調，並且除了言語內容以外，也會去理解他們的感受，與他們真正想表達的意思（關鍵詞：同理型傾聽）。

我們從傾聽十層級中學到的知識，不僅能用在一對一的交談，團體對話也同樣適用。如果你是父母、部門主管或領導人員：你有責任在團隊（和家庭）裡，確實建立起傾聽文化。

傾聽建議6：正確的傾聽心態

一般來說，正在說話的人沒辦法學到任何新東西——要說什麼，通常他自己都知道了。只有聽者可能得知一些新資訊。因此，正確的傾聽心態是，將傾聽當成一種學習——無論任何情況、任何對象。

此時你會反駁：以我的經驗、在我這個位子，我經歷過這麼多事，完全知道事情會如何發展。然而就是這樣的想法導致我們的世界觀愈來愈封閉，年紀愈大就愈固執、自以為是。

原則上，無論什麼年紀，每個人都有自己精通的領域，你只需要去發現。如果我有機會跟天文物理學家聊天，我不會問她任何有關修辭理論或論證模式的事，這個領域她可能了解得比我少。但我會把握機會，好奇地針對她的專業領域提問，例如她會如何跟一個十歲小孩解釋宇宙微波背景（而在這個情況裡，十歲小孩跟我是同義詞）。若對方是一位智利酒保，我會問他智利最受歡迎的酒是什麼、為什麼有那麼多人喜歡這種酒。而若對方是西洋棋特級大師，我會問他如何辦到連續六個小時全神貫注。

（幾乎）每次跟別人互動，我都會把握機會從中學習。而人都很喜歡提供建議或解釋自己了解的概念，所以抱持真誠的態度傾聽，意味著能更快理解世界。

傾聽建議7：把傾聽變性感

最後一個建議：為了能夠更清楚理解對方的觀點，要仔細去聽他論點的所有元素。如同你在論證十大技巧中學到的，根據SEXIER模型，每個好論點都由以下元素組成：Statement（主張）、Explanation of Statement（理由）、Example（實例）、Impact（關聯性）、Explanation of Impact（關聯性的理由）、Rebuttal（反駁一個或多個異議）。

問題是，我們在日常生活中通常只憑直覺論證，很少遵照好的論證模式。這句話的意思是，一般來說，大家論證的方式都很混亂。有時提出例子，但忘了理由。或者提了論點的關聯性，但忘了給實例。

優良傾聽者的任務是去發現、聽出論證的六個SEXIER元素。萬一對方忘了其中某些元素，就直接詢問。比方說如果有人忘了提關聯性：「你可以簡單說明一下為什麼這件事跟我有關嗎？」要主動詢問對方論點中缺少的元素，因為對方的論點愈完整，我們就愈能理解對方，並產生認知同理。

若六個元素對你來說太累，那至少要聽出理由和實例，你一樣直接詢問：「你的理由為何？」或「你可以舉個例子嗎？」主動鼓勵對方進行補充。

下一章將介紹各種提問的方式。不過在那之前，還有給差勁傾聽者的幾項建議（我承認我是在反諷）。

給差勁傾聽者的七項建議：

庫爾特・圖霍爾斯基[92]（Ratschläge an einen schlechten Redner）給差勁講者的建議絕妙諷刺了差勁的講者，這裡我想提供七項建議給差勁的傾聽者：

第一：對話就像足球比賽。持球率較高的球隊通常會獲勝，發言比例較高的人通常也會贏得對話。因此，講得愈多愈好，讓對方講得愈少愈好！而且最好從一開始就這麼做！

第二：對方每次停下來換氣，就是在給你機會，請你打斷他，換你說話。盡快制止他冗長的論述，讓他分享你的智慧。畢竟你也很忙！

第三：別人既不像你那麼聰明，也不像你那麼有創意、想像力豐富。因此，傾聽你的好點子、經驗和建議，向你學習，對他們有益無害。

第四：傾聽是消極和軟弱的表現。有話要說的人不會沈默。而如果對方聽得不情不願，你就講大聲一點，講快一點，讓他完全沒辦法避開你的好建議！

第五：人類的思維是有缺陷的。因此：找出對方思路裡的錯誤。這對雙方都有好處，他會感謝你發現他的思維缺陷，而你，一定會發現「指正別人」是一件很好玩的事！

第六：不管對方講了什麼，都試著把它繞到自己身上。最好說一些像是這樣的話：「我最近也發生過類似事情！」然後接著講自己的故事，對方一定會想聽！

第七：若你必須聽對方說話，那就盡可能去找對你有利的內容——除此之外的一切都只是在浪費時間。對自己好就是在對所有人好。因此，不管對方在說什麼，絕對不要問他的感受怎麼樣、他的意思是什麼，而是問你可以從中得到什麼。如果什麼都得不到，傾聽就沒有意義。在這種情況下：直接走掉吧。

五種日常傾聽練習

每個人都只聽他懂的東西。

——歌德

到這裡，你已經了解了傾聽十層級，以及給好和差勁傾聽者的七項建議。現在就來做些實用練習吧，因為缺乏實踐的理論是空洞的。以下我整理了五個很棒的傾聽練習，最好今天就選其中一個試試。

傾聽練習1：觀察練習

下次跟朋友吃飯或喝酒時：當個優良的傾聽者。刻意、悄悄地讓自己從討論中抽離一段時間，觀察你的朋友們，看看他們是真誠地在聽彼此說話，還是其實只想自己發言。跟彼此說話時，是認知同理還是情感同理，又或者他們是偏向反駁型還是利己型傾聽。

這個練習是五個練習裡最簡單的一個，因為觀察別人一定比自己行動來得容易。而至此你已經認識了傾聽的不同層級和準則，所以就能將他人的對話重新分類，最好還能從別人的溝通錯誤中學習。

傾聽練習2：YouTube練習

此練習指的是，去看一部你最喜歡的名人拍的YouTube影片，仔細聽他在講什麼內容。影片長度不要超過十分鐘。你的任務是，聽進他所有主張、理由、實例和故事，不能有任何遺漏。影片結束後，把你還記得的東西寫在一張紙上。

接著重新再看一次影片，比較筆記內容和影片內容，看看你遺漏了那些要點、正確記下了哪些內容，順序又是否大致正確。在簡易版練習裡，你只需要記主張和故事（這些最容易）。若是進階版練習，就也要記得理由、實例、結果、數字、數據和事實（一般來說這些比較難記）。

但你會發現：練習的頻率愈高（當然每次都找新的影片看，不然就太簡單了！），能記得的內容就愈多。傾聽時的專注力就像肌肉一樣，是可以訓練的。

傾聽練習3：故事練習

你需要一位朋友跟你一起做這個練習。你可以向那位朋友透露你正在訓練傾聽能力，所以需要他幫個十分鐘的忙。然後你請他告訴你一個上次假期間發生的故事，細節愈多愈好。這段故事同樣以十分鐘為限，但短一點也行。

他在講的過程中，你什麼筆記都不能做。等他講完後，你試著盡量用同樣順序、同樣語句，將故事從頭到尾說一遍。如果講錯或講不清楚某個細節，或完全忘了故事裡的某要點，你朋友就要馬上糾正你。

根據經驗，還有一個小技巧：若你跟對方說待會可以角色互換，他協助你做練習的意願就會顯著提高。互惠（我付出，好讓你付出）這個心理學原理在這裡發揮了神奇效果。

傾聽練習4：意識激盪練習

前面我們也談了傾聽內在聲音的重要性。這個傾聽練習的內容是，當你的意識在激盪時，給它空間和時間，並記下那些想法的內容，不要打斷或忽略它。

在練習過程中，當發現有想法和情緒向你湧來，迅速把他們記下來，會很有幫助。為什麼要記下來？非常簡單：根據自己，以及不同一對一教練的經驗，我知道內在聲音並沒有清楚的組織架構，所以就把所有當下的想法和聯想到的東西寫在紙上就好。

意識激盪停止之後，真正的任務開始——整理那些零星的想法片段，並試著把它們想完。這個練習你至少要試一次。何不現在就把書放下五分鐘、馬上開始呢？

傾聽練習5：衝突對象練習

最後一個練習當然是最困難的。重點在於理解某位你格外難以傾聽、忍受的人：你的衝突對象。這個練習要怎麼做呢？現在你再拿一張紙，將衝突對象的立場、理由和反對意見做個摘要——只給你自己看。當然了，你要使用前面提過的善意解讀原則，用正面角度解讀他的說詞與行為。

我知道這非常困難。因為衝突很少只針對事，很快便會開始針對人。不過，就接受我的挑戰吧！即使你很難承認「他也有他的邏輯和理由」。這個練習的重點在於，盡可能地從他的角度描述衝突。任何細節都不放過。

再來，第二步，你跟衝突對象商量好，請他聽你從他的角度描述衝突，看看你的摘要是否做得正確。這絕對不是在讓步屈服，只是要確保你真的有正確理解他的觀點。如果有錯誤理解之處，讓他糾正你。

至於如何有建設性地解決衝突和複雜的談判情況，這已超出本書範疇，這裡就不再提供具體技巧。市面上有其他很棒的書在講這個主題[93]。不過如果了解了對方的觀點和理由，就更有機會找到解決衝突的方法，因為更明白對方的動機和目的，能提供他適合的解決建議。

當然了，這項練習格外需要包容和勇氣。一來必須再次（自願）碰見「敵人」，二來在這樣的對話裡，他會糾正我們，並且極有可能會說，我們有很多地方沒理解他的意思。

然而如前所述：傾聽就是學習。即使這次衝突沒解決，你還是可以從中學習，未來跟其他人發生衝突時可以運用。而你不馬上反駁，希望能真正理解對方的舉動，說不定會搏得他的好感，讓他也會想試著從你的角度理解衝突，也許甚至還會將你的觀點做個摘要。

當然這類對話很少會有圓滿結局，大多數時候對方並不想從你的角度理解衝突。即使這樣有點令人生氣，但至少你已經對他有更多了解。雖然好處不大，但終究還是一項好處。

現在是時候認識潔白說話術的第三支柱了：聰明提問的藝術。

3 潔白說話術支柱三：提出更好的問題

能夠聰明地提問，等於獲得了一半的智慧。

——法蘭西斯・培根

想成功說服他人，除了好論點和真誠傾聽以外，問題的品質是第三支柱。想成功說服他人，當然必須在正確的時機提出正確的問題。我們可以把這種能力稱為提問能力。這一章會幫助你提升你的提問能力。你會認識具體的問題類型，提了這些問題，你就能取得說服對方所需要的資訊。

提出好問題的十大好理由

一切知識、一切知識的增長，皆以問號作結，而非句號。

——赫曼・赫塞

我們每天都會提出許多問題，每天也會收到許多問題。在詳細認識問題類型之前，應該了解為什麼好問題對成功說服別人那麼有效。因此，我們先看提出好問題的十大重要理由。好問題能帶給我們哪些好處？為什麼應該更重視、多提出好問題？

理由1：透過了解更多資訊讓自己更有同理心

假設有一位八歲小男孩討厭閱讀。不管媽媽念什麼書給他聽，他都覺得很無聊。在學校裡讀的每本書，也都讓他覺得很無聊。他知道有些小孩會閱讀，但他不在乎。媽媽很擔心，去找他的學校老師，她們兩人試圖說服男孩閱讀很重要。

老師跟男孩說，常閱讀的孩子考試會考得比較好，以後也會找到比較好的工作。但一個八歲小孩會去想分數和工作前景嗎？不會。媽媽補充說，常閱讀的孩子能涉獵廣泛的知識。但一個八歲小孩會在乎自己缺乏廣泛知識嗎？也不會。老師和媽媽試圖用絕對理性的論點說服男孩——但那些論點適合成年人，不適合小孩。

故事裡的孩子是誰呢？那是我本人。我依然清楚記得這段三個人的對話，就像才剛發生一樣。當時我媽媽和老師就是沒辦法理解我的想法。她們深信閱讀是重要、正確的事，但卻完全忘了先搞清楚為什麼我不喜歡書。她們缺少了一些資訊，所以沒辦法對我產生同理、提出適合的理由說服我。

她們首先應該做的，是透過好問題來了解我為什麼不喜歡書。當某人堅決拒絕某件事時，向他詢問動機就格外有用，詢問對方為什麼會有某項看法或行為，這種動機問題我們會在談問題類型時再更詳細探討。而媽媽和老師應該要問我為什麼這麼排斥書，然後我會回答，因為我就是不喜歡魔術師、國王的童話故事。到今天我長大了，她們都沒問過我這個問題。

得到這項資訊之後，她們可以向我提出開放性問題（我們之後當然也會談到），詢問我對哪些主題有興趣。八歲時的我會回答：「所有關於李小龍的我都有興趣！」

當時我覺得自己是他最大的粉絲，所有他有演的電影我都看過。有了這項資訊，就比較容易同理我的感受，建議我適合的書，例如李小龍的自傳或關於他鍛鍊方式的書。這些背景資訊我當然沒辦法從電影中得知——而且我絕對會狂嗑那些書。

這個我個人的例子清楚顯示，理解、改變某個頑固的想法有時非常容易。不過可能必須透過好問題，同理心才會出現。由於我們沒辦法看穿其他人腦裡的想法，提問就是了解對方最好的方式。

理由二：更具關聯性

每種理由之於每個人的關聯性不盡相同。你一定還記得十大技巧中的十大理由。然而是該提出經濟型或道德型理由？實用型或理想型？這當然取決於你的對象。如何知道哪種理由類型最有希望成功？沒錯，其中一種方式是真誠地傾聽。然而如果對方幾乎不會主動地說些什麼呢？根據十大技巧那章描述的四色模型，綠型人和藍型人個性內向，比較少說話。而紅型人雖然個性外向，但通常沒什麼時間，很快就必須離開，讓我們猜不透。唯有黃型人個性健談，不用多問，就會透露很多自己的事。意思是，如果你想弄清楚哪種類型的論點與他們切身相關，你會需要向其中的三類人提出好問題。

當然你也可以就瞎講，猜對方會覺得哪種論點具說服力。不過猜並不是好策略。理由有十類，也就是說，你的成功機率只有十分之一。相反的，只要提出一個好問題，就能迅速知道對方的思考和行為模式，並依此提出適合的論點。所謂的蒐集型問題就特別適合，如「您做決定時，哪些面向對您來說格外重要？」

此問題會讓對方立刻向你吐露他做決定時的重要準則。你可以依據這些準則接著提出適合的論點。如果他說「折扣」是他做決定的標準，那你就知道必須提經濟型理由。如果他說某件事必須被「公正分配」，那你就知道道德型理由最有機會成功。而如果他說某件事應該盡量「迅速、簡單」地進行，那你就知道實用型理由會最有效果。

換句話說：若你自己覺得經濟面向特別重要，先提了這點，但對方只考慮利他面向，那你就完全在自說自說。就算提出最棒的經濟考量，他也不會被你說服，因為至少在眼前這個問題上，經濟面向對他來說完全無關緊要。沒辦法說服對方，一點都不是因為他固執，就只是因為我們選擇了不適合的理由類型而已。

如本書開頭所述，在絕大多數的討論裡，都要去找主觀上的最佳論點——主觀看來最適合對方的論點。如果他個性內向、不健談，想弄清楚哪種理由類型最適合他，提幾個好問題會是最棒的方法。

理由三：得以一窺內幕

聽到特定句子或問題，大多數人會自動用固定的語句回應。典型的例子是「你好嗎？」我們一定會答「謝謝，我很好，你呢？」。其他許多情況裡也是如此。「進行得非常順利」、「對企劃案的進展相當滿意」以及典型客戶會講的「謝謝你的簡報，我必須再思考一下」，這些句子就只是空洞的客套話，沒辦法獲取任何實際資訊。

如果只提一個問題，大多只會得到一個很表面的答案。然而如果想說服某人，就不能只聽他的表面言語，而是要去弄清楚他的真實想法。唯有提出好問題，才有辦法知道對方的真實想法，因為人不會主動吐露內心。比方如果你想知道更多背景資訊，你就可以向對方提出詢問。假設有人回答「相當滿意」，可以具體地問他特別滿意什麼，接著再繼續問哪裡可以更好。蒐集到愈多關於對方的背景資訊，你的論點就會愈精準。

理由四：更討人喜歡

向對話夥伴提出好問題還有這個好處：想知道他們的看法與考量，會讓他們產生虛榮心。畢竟被別人理解是人的基本需求。如果你真誠地想理解對方，你就滿足了對方這個天生的基本需求，他會自動覺得你更討人喜歡。

當然也能透過提問來假裝自己對對方講的內容感興趣，但這是一種操控。若要使人信服，我們就得真心想理解對方、真的對他的想法感興趣。而提問所花的時間和注意力當然會得到回報：如果他覺得你討人喜歡，就比較容易被你說服，因為我們不想被自己不喜歡的人說服。

理由五：更專注

我們當然希望對方在說服過程中是專心的。而人什麼時候最專心呢？聽別人說話的時候嗎？還是自己說話的時候？答案顯而易見。原則上所有人都是自己講話時最專注。相反的，若聽別人說話的時間愈長，專注力就會逐漸下降（請見第一〇二頁的專注力曲線）。因此如果想提升對方的專注力，最好的方法是向他提出聰明的問題。外向的黃型人和紅型人喜歡聽自己說話，內向的藍型人和綠型人喜歡思考問題。因此，面對這四類人，你都可以透過提問讓他們更專心。

理由六：思考得更多

人雖然有思考能力，但這並不代表大多數人都喜歡思考。思考需要花費精力，有時想著想著還會陷入死胡同，所以思考經常被視為苦差事，休閒時喜歡「關閉」這個模式。但是我們關閉的其實是什麼呢？當然是大腦！

亨利・福特（Henry Ford）說過一句很棒的話，完全切中要點：「思考是世界上最艱苦的工作，所以有在思考的人很少。」

在這個情況下，向對方提出好問題，也會對你有幫助：問題會引導對方，讓他不得不思考你的問題，回覆你實在的答案。

不久前，一位參加人格發展教練課的客戶，表達了想盡快生小孩的強烈意願。我問他這股強烈意願從何而來。他毫不猶豫地回答說，這樣他就可以把自己的基因傳下去。接著我向他提出幾個蘇格拉底式問題。其中一個問題是，有人在他死後帶著他百分之五十的基因活在這世界上，他能從中得到什麼？他回答說他從來沒思考過這個問題。

這就是提出好問題的目的：刺激對方產生新想法，有時則讓他注意到自己沒發現的分歧、問題或解決辦法。這點格外重要：提問能讓對方產生問題意識。這個問題意識會激勵他去解決問題。

哈佛大學心理學教授艾倫・蘭格（Ellen Langer）曾說：「問題讓人敞開心胸，陳述則讓人緊閉心扉。」換句話說：當我們不同意某段陳述時，會直接否決，不會繼續對其進行思考。相反的，問題則通常能會人繼續探究下去。因此，如果想讓對方思考，就該向他提出適合當下情況的好問題，我們自己則少說點。簡言之：相較於別人的陳述，人比較會對別人的問題進行思考。

理由七：引導對話

你一定聽過這句話：問問題的人引導局面。但為什麼是這樣？答案顯而易見：問題決定了答案的框架，對方僅能在此框架下給答案。而提問者和提出的問題，就決定了這個框架。如果我問你：「你最喜歡哪種運動？」你可能不會回答說，黃金匯率又漲了，或媽媽幫我烤了一個美味蛋糕。這些都跟問題八竿子打不著，你的答案至少要圍繞在運動這個主題上。

對方當然能依自己喜歡的方式自由回答問題的，但答案無法超出問題給的框架。這對健談、外向的黃型人尤其有用，因為他們很喜歡偏離主題。若對象是他們，必須注意不要讓對話偏掉。

理由八：導出結果

與理由七（引導對話）類似，提出好問題，也能促使對方做出決定。除了決定對方答案的框架以外，也能使他表明立場、做出選擇。

二選一問題就非常適合用來提供對方選項。有句典型銷售人員會講的話，你人生中一定已經聽過很多次：「我應該星期三下午或星期五上午再撥個電話給您呢？」

但不是只有推銷員才想賣東西。我要跟你說個有點令人驚訝的消息：你也是銷售人員！聽起來很奇怪嗎？但仔細思考，你會發現，我們每個人都想販售自己的想法和論點。例如你想說服伴侶度假時多（或少）從事一些文化活動，你就是想將某個特定想法販售給他，而你希望她（或他）「買下」這個想法。因此，不管你想不想，在說服他人的過程中，你就是自己想法的販售者。

不是每場對話都在說服，但若想在對話中取得某個結果，比方說協議或合約，建議有意識地引導對話，並接連聰明地提問，將對話導向希望的結果。在這過程中，以解決方案為導向的問題格外有用，你很快會在三十三種問題類型部分認識到。

理由九：消除對立、解決衝突

假設你在IT支援服務部門工作，一位生氣的客戶打給你，說他沒辦法升級最新的微軟系統。客戶情緒失控，若他不是喜歡數字、資料等的藍型人，打電話來就主要是想向你抱怨，或至少表達他的怒氣。該如何解決這個情況呢？

如果想理性處理，那你當然就會問他升級時確切是哪個地方出了問題，還有他試了哪些東西、點了哪些東西。向他提出具體型問題和敘述型問題（更多請見「三十三種提問類型」第二八〇頁）能幫助你釐清問題所在。而在衝突情況或氣氛對立的對話裡，提問還有另一種療效：讓對方把話講完、給他空間，他就能發洩怒氣。隨著時間過去，負面情緒會如同氣球般逐漸消氣——如果我們讓他把話說完、不倉促地批評、糾正他。

不管在職場或生活中，萬一發生衝突，最好去了解對方的觀點，並給他時間表達不滿。這需要一點克制，尤其當你習慣反駁。但記得：對方已經很憤怒的時候，如果還對他提出自以為是的評論，或雞蛋裡挑骨頭地糾正他，根本就是火上加油，糟糕透頂。

如果你現在想，你哪有時間聽別人抱怨，那也不用擔心：如果不打斷他們，大多數人會在三到五分鐘後平靜下來。他們有時候只是想抱怨一下，希望有人能聆聽他們的痛苦。有時他們則是想要得到明確的解決辦法，就像IT支援服務例子裡的客戶一樣。不過在兩個例子裡，如果你讓他們不受干擾地把問題講完，衝突就會減緩，他們積累在心中的怒氣也一定會慢慢煙消雲散。

理由十：敞開心胸，更有智慧

智慧是個很重的詞。然而智慧，說到底就是，從自身錯誤中學習，並隨著時間逐漸領略世界。將自己的世界觀與現實、與他人的看法比較，並持續改變、改善自己的原則與行為，方能得到智慧。而這跟好問題有什麼關係？

人大致上可分為兩類。第一類人擁有封閉的世界觀，自以為無所不知，不想改變任何想法。他們將批評視為危險，會用盡全力捍衛自己的想法。世界觀封閉的人絕對不會想放棄自己的看法，因為他們從一開始就覺得自己的觀點很好。要如何辨識出某些人的世界觀是封閉的？如果一個人在對話中幾乎不提問，那他們就是這類人。他們只陳述事情，而且態度有十足的把握。

擁有開放世界觀的人，會想持續學習、不斷改進自己的想法以及對世界的理解。他們不會自動覺得自己是對的，會被更好的論點說服（也許不特別喜歡被說服）。因為世界觀開放的人知道自己也有可能是錯的，所以他們很常提問，想理解他人的論點，而非想反駁或藉由提供建議突顯自己的優越。

按照邏輯，世界觀若開放，就能更快得到智慧。更好的是：若能養成多提問的習慣，就能逐漸形成開放的世界觀。小小測試一下：回想看看你上一次想說服某人的詳細對話過程，你提了多少問題？六個？兩個？一個都沒有？

如果你就是堅信自己的論點正確，那下次要進行說服對話前，應該就要設定自己至少提三個問題。因為如果堅信某件事，就會傾向不問問題，也不會對自己有所質疑。沒有人的世界觀是絕對封閉或絕對開放的，通常是某些領域聽不進別人的意見。而我們該練習的，就在這些領域裡同樣也敞開心胸，跟其他人學習。

然而如果你現在一下子沒辦法分辨你在哪些領域開放、哪些領域封閉，我會建議，在每次對話稍微長一點時，都提問看看。你的觀點跟對方不同時，要提問，因為能向他學習。但如果你跟對方看法相同，也要提問。為什麼？因為對方可能有更好的理由——如果你只贊同、不問理由，你就不會知道。

目前你的世界觀有多少比例是開放、多少比例是封閉的，並不重要。如果你養成提問的習慣，封閉世界觀的自以為是部分就會逐漸縮小，讓智慧增長得更快。

至此，你認識了提問的十項理由，看到了提出有效問題能帶來哪些好處。現在是時候認識三十三個重要的問題類型了！

三十三種重要的提問類型

提問的藝術沒有你想的那麼簡單。

——盧梭

接下來我要介紹說服過程裡可以使用的重要問題類型，不管在職場或生活中都適用。依對話主題、對話夥伴的不同，需要的問題類型也不同。讀完這章節之後，你不僅會知道每種問題類型的組成，還會知道哪種問題適合哪個情況。

原則一：問題的順序與數量

認識不同的提問類型之前，讓我們再釐清一些要點。提問過程中，有個東西非常重要：提問的順序。其基本原則是：

◆ 一開始提開放式問題，盡可能得到更多資訊，並弄清楚對話夥伴的言語內容；

◆ 中段提深入式問題，如具體化問題、敘述型問題和以解決方案為導向的問題等。由於對方一開始通常只會給很大概的說法，所以接著再提深入式問題之後，就能更了解他的意思。

◆ 結尾提封閉式問題，盡量讓對方做出決定，或明確表明立場。

那問題數量要多少才對呢？你馬上會認識三十三種問題類型，其中很多類型你可能在接下來的對話中都想試試看。但注意：這樣可能會對你的對話夥伴造成負擔。向對方提出過多問題，會讓他有種在被審問的感覺，當然應該盡量避免。如果他覺得自己被審問，就不會想透露太多訊息，或者會想中斷對話，當然對說服過程而言就是適得其反。

在一段具體的對話中，可以提出多少問題，取決於，第一，你跟對方講話可以到多坦白。你們喜歡彼此的程度愈高，他會容許、回答的問題就愈多。相反的，若你幾乎還不認識對方，好感還很少，他一般來說只會容忍少量問題，而且也只會給出簡短、表面的答案（因為缺乏信任感）。

第二，問題的「正確」數量還取決於你目前對對方觀點的了解程度。他對某個主題的想法，如果你知道得愈少，為了能夠更理解他，按照邏輯，必須提的問題就愈多。

為了也能夠向新的對話夥伴提出許多問題，又不要讓他產生你在跟他打聽什麼的感覺，建議自己分享一些資訊，在對話過程中也告訴他你的觀點和理由。在一段對話中該提多少問題，並沒有嚴格的數學公式。然而從對方回答問題時的喜悅和活力，可以感覺出你的問答比例對他是否適當。這比例可能會隨著對話進行產生變動。如果你做得正確，對方會愈來愈願意敞開心扉回答你的問題，給的答案也會愈來愈深入。但如果你讓對方覺得你在打聽些什麼，他的答覆就會愈來愈簡短，最嚴重還會因為感覺不舒服而完全中斷對話。增強提問能力，能讓對話氣氛更舒服、內容更豐富。一切都掌握在你手中。

原則二：三種問題形式

在詳細認識三十三種提問類型，必須先解釋：所有問題可以分成三種問題形式：

◆開放式問題：開放式問題讓對方能給出詳細的答案。新聞業常見的「六W」問句就屬於典型的開放式問題。其中，詢問方法的「如何？」，詢問動機的「為什麼？」，以及詢問資訊的「什麼？」、「什麼時候？」、「誰？」、「哪裡？」，都在日常生活中扮演重要角色。

◆封閉式問題：封閉式問題也被稱為是非問句。聽到封閉問題以後，對方只能肯定或否定。例如：「您現在有五分鐘時間嗎？」這個問題，正常只能回答「有」或「沒有」。

◆半開放式問題：開放式問題給予對方發言空間，封閉式問題只讓對方回答簡短的是或不是，半開放式問題則是，顧名思義，在上述兩者之間，答案通常只有短短幾個字。比方說選擇性問題就屬於半開放式問題：「比較想要A還是B？」。聽到這個問題後，對方會提供簡短的答覆。蒐集型問題或敘述型問題也屬於半開放式問題，如「在X事情上，什麼對您來說格外重要？」因為對方大多不會以完整句子回答這些問題，只會列出幾個答案。

了解關於問題順序、數量和形式的原則之後，現在我們可以放心地投入三十三種問題了。我們開始吧！

提問類型1：詢問動機

一種最重要、最有用的提問，就是詢問動機或為什麼，意即詢問某項觀點或某項行為的理由。

人的言行皆受理由所控[94]。意思是，每個人的行為皆非隨機，而是被主觀上的理由所操控。或者說得更哲學一點：我們每個人都有一個牢固、主觀上接受的理由體系，用來為自己的看法或行為辯護[95]。我們可能有意識到這個理由體系，也可能沒意識到，但我們做每件事都出於某個理由。

理由當然可分為好的和壞的，但這評價不應該給得太草率。主觀來看，自己的行為舉止一定是對的，而且一般來說，行為會符合自身標準。舉典型的事業狂為例：由於功成名就對他而言是人生中最重要的一件事，每週工作八十到一百小時，從他的角度來看就非常合理，因為這樣他可以更快達成目標。

在評價別人的理由時，我們經常會犯的錯誤是，用自己的想法去思考他們的理由，然後否定或鄙視他們的理由。比方說如果你的看法是，工作只是為了要生活，那麼那位事業狂每週要工作一百小時的看法，你可能就覺得是「錯」的。唯有向他提出好問題，才能更理解他的想法和重視的事，並藉此找到適合他的論點，以成功說服他。

換句話說：若你不知道他的動機，只是依自己的主觀看法提理由，那理由的說服力當然就非常有限，因為極有可能與對方的價值觀不符。這裡我想再次提醒，如前所述，依照對方的人格特質彈性調整你的論點，才能發揮最大說服力。

【優點】如果使用正確，這類提問會是想了解他人時，最重要的問題。而且這類問題也提醒著我們，重點是對方的理由和動機，不是我們的。

【特別注意】首先，對話過程中，不要太早詢問動機。等累積了一定程度的信任與好感以後，對方才會向我們吐露他的動機。其次，對對方而言，詢問動機的問題有時很難回答，必須先好好思考，所以較適合出現在對話中段。第三，詢問動機的問題有時會被稱為辯解問題：因為若對方錯誤理解或提問的口吻很尖銳，就會讓對方不得不為自己辯護。你一定可以想像，「為什麼你這麼晚才回電話？」這個問題，會被理解成指責，讓對方不得不進行防禦。提問的口氣是重點。如果用好奇的口吻提問，對方就會知道我們真的出於好奇。如果用太冷靜、不帶任何情緒的口吻提問，問題就會聽起來像指控。尤其我們在生活中經常忘了要善意理解別人的言語。

為了防止詢問動機的問題變質成辯解問題，我建議用它來詢問為何對方會有某項觀點就好，不要詢問某個具體行為的動機。例如：「我很好奇：為什麼你認為結婚是個好主意？」當我這麼問，開頭也自陳對他的理由感到好奇，對方就會明白我不是想偷偷指責他，而是真心想了解他的動機。

提問類型2：敘述型提問

想讓對方開口說話，敘述型提問就是一種很棒的問題類型。顧名思義，敘述型提問就是讓對方自發性地講述他的故事，屬於最具開放性的問題。假設我想在我的Podcast節目上訪問一位聯邦議員，他不認識我，因此一臉不信任。我該如何讓他稍微放輕鬆，然後開口說話呢？沒錯，我向他提了一個簡單的敘述型問題：「可以請您稍微跟我說一下您加入政黨前的政治經歷嗎？」

【優點】自己的故事，當然自己講得最好，而且還能自己決定從何開始、從何結束。正因如此，若對象是有距離感或沈默寡言的人，在對話一開始提出敘述型提問就很適合。幾乎每個人都喜歡談論自己，敘述型提問就剛好切合這個基本需求。

【特別注意】由於敘述型提問要求對方做出稍微詳細一點的回答，所以不能在健談的黃型人身上使用，除非你時間多，或你自己也是愛聊的黃型人。同樣要注意的是，如果對方是不認識的人，就不可以問他的私事。但這大家本來就知道。

提問類型3：了解問題

若想解決衝突或問題，或者想察覺衝突或問題，當然就必須理解對方的問題在哪。假設你是主管，和一位下屬開了個會，你已經有兩個月沒跟他談談了。會議中，簡短寒暄之後，你當然想知道他有沒有什麼問題。「你目前哪裡有問題？哪裡不順利？」這樣的句子想當然是不好的，因為如果口氣不開心，就會聽起來像在指責，讓他覺得你不太相信他的工作能力。不過完全不談當然也不行，因為你就是想知道發生什麼事。所以重點在於，將問題用柔軟一點的方式表達。

該怎麼說呢？以下幾點建議：

◆你目前特別掛心什麼？（特別適用於情感豐富的黃型人和綠型人）

◆哪些事情可以更好？（特別適用於理性的藍型人和紅型人）

◆我可以怎麼幫你？（聽到主管這麼親切地提供協助，幾乎每個人都會覺得開心，無論哪種類型的人）

可能你馬上就注意到，上面每句話裡都沒有出現「問題」這個詞。原因是，這個詞彙會讓人產生負面感受。我很多教練課的客戶都明確請我不要說「問題」，改說「挑戰」。這當然可以理解，因為沒人想要有問題。因此其實可以完全捨棄這個詞。

【優點】雖然前面的三個例句都刪去了「問題」一詞，但每個談話對象都明白，對話中會談到目前狀況不太好、需要改進的東西。

這類提問最大的優點在於可以迅速找到問題。很多人會試圖逃避負面問題，因為它令人感到不舒服。然而很清楚的是：如果想讓某件事有進展，就必須把問題攤在陽光下——畢竟問題就是要拿來解決的。

【特別注意】除了捨棄「問題」一詞以外，用親切、好奇的語調提問也很重要，避免讓對方產生被指責或控制的感受。提出第一個問題後，很有可能得不到答案。在此情況下，應該從上述三句問題中再選另一個來使用。有時真的很神奇，選了其中一個問題來問，對方的答案極其簡短，但拿另一個僅稍作更動的問題來問，他竟然就會回答得很詳細。想挺進問題核心，必須用禮貌的態度不斷嘗試。

提問類型4：尋求解決辦法

在一些對話裡，對方會在他面前設下一道隱形的牆。他可能會試圖用格言論證來打發你，或設下路障，絕不讓步、拒絕妥協。典型的例子是談薪水。工作一段時間之後，員工想加薪，但主管不想加，或不想加到員工要求的金額。你身邊一定有人想加薪很多年了，但一直都沒辦法實現，因為他們無法克服主管典型絕不讓步的態度。怎麼辦？

答案，同時也是我最喜歡的提問類型，就是以解決方法為導向的問題。如果使用得當，它會為你帶來很多好處。向對方提出這類問題，能讓他提出可能的條件或解決辦法。

同樣加薪這個主題。假設你去年達到了設定目標、自願接下其他好幾個任務，也許甚至還拉到新客戶或讓現有客戶願意續約，為公司帶來額外的銷售額。但即使如此，主管還是不讓你加薪。這個時候，你就可以提出以下問題：「要怎麼做，才能讓我在接下來六個月內加薪呢？」

記得前面說過的，陳述句讓人緊閉心扉，而問句則讓人敞開心胸。上面那個問題促使主管開始思考，並舉出加薪的條件。明智的主管知道公司需要什麼，一定會列出他認為需要達成的指標或任務，或者公司的某些企劃或盈利目標，完成後就會幫你加薪。

就算他拒絕了你的提問，對你也有極大的好處。因為如此一來，你就知道，無論未來多麼努力，主管都不會幫你加薪。這種不為勤奮員工的表現支付酬金的公司，當然是多如牛毛。但早點知道這件事，如果有必要，就找其他工作，對你有益無害。

企業家和領導階層也能藉由提出這類問題賺進大把鈔票。比方說，身為談判者的你，可以在跟客戶開會時問：「客戶先生，要怎麼做，我們今天才能取得共識呢？」接著客戶會擬定一些先決條件，在他看來，必須滿足這些條件，才能簽訂合約。接著來你得做的，就是去滿足那些條件而已，然後就成交了！

【優點】這類提問能促使對方列出條件。若對方堅決不答應某件事，向他提出這類問題會很有幫助，因為你能藉此弄清楚自己需要做什麼。他自己會向我們透露解決問題的關鍵，我們不必猜測。當然了，你可以自己決定要不要接受他的條件，但至少你會知道目前可行的方案。

【特別注意】有些對話夥伴不會提出任何條件或解決建議，因為他們自己都還沒思考過條件是什麼。如果是這種情況，你就應該做好準備，自己事先想好兩到三個解決方案。在我談判訓練課上做角色扮演時，我觀察到，雖然大家會努力取得共識，但卻沒有人提供任何解決建議。許多談判就因此陷入僵局，無法有所進展。

提問類型5：破冰問題

彼此不認識的兩人第一次見面時，場面常陷入靜默，讓人感到緊張不舒服。而破冰問題或開場問題就是為了消除沉默和緊張。「路好找嗎？」或「要不要喝點什麼？」等，都是標準的破冰問題。

這些句子當然非常普通、沒什麼特別，不會引起熱烈的掌聲。不過誰說破冰問題一定都要很無聊？我都們知道，第一印象沒有第二次機會。所以為什麼不要有創意一點呢？我想到我舉行操控術工作坊時說的開場。身為訓練講師的我，可以說：「各位親愛的學員，歡迎參加……」或「尊敬的女士和先生們，今天的內容是……」但這樣不會有效果，也不會有記憶點。所以我用以下句子開場：「在座的各位，誰今天已經操控過別人？」另外再帶點微笑。這個破冰問題瞬間讓大家都醒了，這就是我的目的。不過破冰問題不一定都要很誇張，最好不要太過頭。

【優點】可以藉此和不認識的人順利開啟對話。

【特別注意】我們會在幾秒內，有些人甚至說在幾毫秒內，就會形成對對方的印象。因此，建議在提出破冰問題時，要刻意親切地看著對方的眼睛。

提問類型6：假設性問題

大多數人不會向我們透露他們的價值觀和重視的事，不過有一種提問類型可以讓你很快得到解答。比方說我在我的Podcast上訪問國會議員，他們大部分都沒什麼時間，也是可以理解。不過只要向他們提出假設性問題，就能迅速知道他們看重什麼、支持什麼。我典型會提的問題是：「假設您是總理，可以馬上推動某項改革，您最想改變德國的第一件事是什麼？」

假設性問題又可被稱為奇蹟問題或情境問題。你做出一個重要的假設，接著就能迅速揭露對方的想法。透過假設誘導他進入某個情境，而他則應該該要這個超現實世界裡表明自己的想法，不管在職場或生活中都適用。你可以在面試中提出以下假設性問題（或自己是應徵者時聽到別人向你提出這個問題）：「假設您跟團隊裡的一位同事發生了嚴重的衝突，您會怎麼做？」一般來說，根據答案，應徵處理衝突的能力很快就一目了然——只需要問一個問題。

或者在個人生活中，你剛跟一個人在一起，想迅速了解你心肝寶貝心中的完美假期是什麼樣子，最好的辦法是提出以下假設性問題：「假設你可以獲得最完美的假期，沒有經濟和時間上的限制，這個假期會是什麼樣子？」他的答案會立刻讓你明白他的偏好。

【優點】如果對方不想自發性承認自己的喜好和願望，也沒回答你詢問動機的問題，那假設性問題就是一種很棒的問題類型，你很有可能可以得知對方的思考和行為模式。

【特別注意】對對話夥伴而言，假設性問題不是那麼好回答。比如我忽然問你：「你比較想要有無限多的錢還是有無限長的壽命？為什麼？」你會需要一點時間思考那些非現實選項。由於假設性問題不容易回答，注意要讓對方有時間停下來思考，不要自己一直滔滔不絕。給他至少十秒鐘的思考時間。另外當然也要給他足夠的時間回答問題。

提問類型7：矛盾型問題

另一個像假設性問題一樣可以促進對方思考的提問類型，是矛盾型問題或違反直覺問題。意思是，用出乎意料的角度切入，讓對方感到驚訝、困惑。比方說我在修辭學訓練課上，常用這句矛盾型問題開場：「親愛的學員們，修辭學訓練課程要怎麼樣，才能讓你們結束時非常不滿意？」

這種問題乍聽之下非常矛盾，而且一點都不合理，所以經常課程才剛開始，我就看見臺下出現一張張困惑的臉。不過等他們稍微回過神之後，就開始進行思考，然後給了我以下答案：讓他們不滿意的課程，應該是 a. 通通在講理論，b. 沒辦法運用在生活中，c. 無聊節奏慢，還有 d. 身為講師的我不理會學員的願望和問題。

有趣的是，透過他們的回答，我可以清楚知道他們想要什麼——我只要做跟他們回答內容相反的事就好！為什麼我不直接問學員想要什麼？非常簡單：大多數人什麼都不會說，或只會說他們沒有什麼特別的期待。唯有提出矛盾型問題能刺激到幾乎所有在場的人，除了讓他們臉上泛起笑容之外，還能讓我得到資訊。

在職場上，主管也能向新員工這麼問：「身為主管的我該怎麼做，好讓你對我的領導風格完全不滿意？」從新員工的回答就能得知他對與主管共事有何看法。

【優點】如果提出標準問題，大多數人也只會給出標準的答案。我們都已經習慣使用某些語句，未經思考就近乎自動地給出答覆。矛盾型問題從意想不到的角度切入，促使對方不得不重新思考，間接透露他實際重視的事。

【特別注意】跟假設性提問類似，矛盾型提問也相對難回答，對方或需要足夠的時間思考。他們在思考時，就先讓對話暫停一下，不要絮絮叨叨。你的耐心會得到資訊當作回報。如果不這麼做，那些資訊你永遠都得不到。

提問類型8：說明理由

顧名思義，說明理由型提問指的是在提問之前，為自己的問題說明理由，向對方解釋為什麼我想問他這個問題。這類問題適用於許多不同情況。例如對方向你提了幾個問題，而你也詳細回答了，突然間你發現大部分時間都是你在講話。這時哪種問題可以平衡發言比重呢？你可以提出以下問題：「為了不要都在講我的事：你對這個主題有什麼看法？」

「為了不要都在講我的事」，簡短表明這個理由，立刻能為你帶來兩個好處：第一，對方知道你有在觀察整個情況，發現自己發言比重有點太多——讓你顯得更討人喜歡。第二，你客觀地說明了為什麼現在想得知對方的資訊——因為你不想都在講自己的事。這樣聽起來很令人開心。

【優點】向對方說明你提問的動機，他會更能夠接受接受你的問題，給出答覆的可能性也愈高。

【特別注意】提出理由和提出辯解之間的差異雖然不大，但很重要。如果你在問問題之前先提出一個理由，請小心不要讓理由聽起來像在道歉或辯解，而是要客觀表示你有充分理由提出以下問題。

提問類型9：具體化問題

現在來到具體化問題。具體化問題也許不是最棒的提問類型，但卻可能是最重要的，也可以稱其為追蹤問題或進一步問題。它指的是深入對方的言論，以了解他真正的意思。

幾個月前我進行了一場訪談，訪談對象說，近幾年「社會愈來愈沒有凝聚力」。這當然是種很籠統的說法，說真的我也不知道他指的是什麼。在這種不懂對方在表達什麼的時候，具體化問題就非常有用。幾乎萬無一失的標準問法如下：「你說了XZY，它的具體是什麼意思？」

有時連答案都很含蓄隱晦——不只有政治人物會這樣，普羅大眾也是如此。雖然我們經常會認為對方想隱瞞些什麼，但在坦誠說服的框架下，我們遵循善意理解原則（請見二四七頁），相信對方是不小心把某件事表達得不好，或表達方式容易讓人誤會。當沒有確切答案時，往往會表達得很籠統或模稜兩可。然而具體化問題可以使對方在回答時表達得更精確些，好讓我們更能理解他的論點。

【優點】若對方表達得模糊不清，但你需要準確的答案時，具體化問題就是取得詳細資訊最好的方式。

【特別注意】有時候你提了具體化問題，但對方給的答案還是太過模糊。在此情況下，你要該勇敢地另外再提一個具體化問題。但稍微換句話說一下，不要整句原封不動，例如這句話就很適合：「您可以稍微說明得清楚一點嗎？」通常在提了第二個具體化問題之後，會得到明確易懂的答案。

提問類型10：回音問題

與具體化問題類似，回音問題，或確認問題，使用時機也是當不確定自己是否正確理解對方的時候。典型的問法：「我的理解正確嗎？您的意思是XZY？」此問法最棒的地方在於，不管對方回答是或不是，你都能獲得某些東西。若對方回答是，那就是確認你正確理解了他的意思。而如果回答不是，他就會糾正你的誤解，向你透露他真正的意思。

【優點】回音問題可以幫助我們防止誤會產生。特別是如果對方說詞有很多種詮釋的可能，我就會建議說出最可能的解讀，讓對方進行確認（或指正）。

【特別注意】有些人就是不想承認自己沒（完全）理解某件事，提出回音問題，會讓他們覺得自己很「愚蠢」，所以拒絕詢問不明白之處。在此情況裡，以下想法會有所助益：如果某件事表達得不清楚，那是說話者的責任，不是接收者。世界上第一位修辭學教授昆體良（Quintilian）早在兩千年前就提出，演說者的表達除了應該「能」讓人理解之外，還「必須」讓人理解。意思是：如果我們聽不懂某人說的話，問題在他身上。如果必須向他提問，不是因為我們很愚蠢，而是因為他用字遣詞不明確，所以我們可以放心提出回音問題，不用自責。

提問類型11：詢問異議

每個人都有自己的一套思維體系。在這個思想體系裡，每個人都覺得自己是對的。結果就是，無論他人講什麼論點，我們幾乎都會有異議，因為他們的理由通常與我們的思想體系不一致。你會在對話過程中把異議講出來嗎？這就取決於你的人格特質。如果你是紅型人，個性外向、喜歡主導事情，那表達異議並非難事。對象是紅型人的好處是，因為他們會坦白表達，所以我們會明確知道他們有什麼疑慮。而如果事實擺在眼前，提出異議對藍型人而言也不難。不過綠型人呢？由於他們想維持和諧，所以絕對不會自發性地表達批評或異議。黃型人同樣傾向維護關係，會保留批判性言論。若對象是這兩類人，詢問異議就特別重要。

既然以和為貴的這兩類人不會自發性地提出異議，那就必須直接詢問。典型的異議問題是：「你也許有些反對意見？」這句話裡的「也許」一詞是很有用的，因為它弱化了對方可能有的反對意見，讓其能以「也許」開頭。尤其綠型人通常會這樣回答：「也許也可以……」這個溫和的批評對我們來說非常重要，因為若不明白對方的反對看法，就無法說服他。但即使對方表達得很委婉，還是不能忘記批評內容依舊是認真的，因為黃型人和綠型人通常會用很柔軟的方式表達。

【優點】詢問異議可以在最短時間內讓對方針對你的論點提出批評。

【特別注意】反對意見會令人感到不舒服，因為它有時真的一針見血。但不知道、不處理對方反對意見的人，是無法說服他的。

提問類型12：條件問題

你常談判嗎？有趣的是，大多數人都會回答很少。但真的是這樣嗎？我認為，我們每天會進行許多次談判，可能是跟同事、客戶，也可能是跟小孩、伴侶。大多數人講到談判，都會想到在有空調的會議室裡針對條款或金額進行談判的那種正式場合。不過事實上，你提的每項建議，或別人向你提出的每項建議，都是（非正式）談判的開始。

假設朋友邀你今年夏天去摩洛哥度假（你已經連續去七次了），這是談判嗎？當然是！依你立場，分別能做三件事：同意、拒絕或提出某項條件。若你拒絕，交易就失敗。若同意，那就成交。而若你提出某項條件，就開始真正的談判：你和對方試圖找到雙方都接受的方案。

假設你不想再去摩洛哥，但立場「可談」，那為了取得希望的結果，你可以提出所謂的談判問題。把你的要求設為條件，若對方達成這項要求，你就會再去摩洛哥一次。比方說你希望假期能有點變化，不想跟去年去一樣的地方。為了取得這個結果，最好的問題是：「如果還是去摩洛哥，那我們會只去新的地點和沙灘嗎？」

這句話裡的關鍵詞當然是「如果」。如果需要，提的問題可以不只一個。把你的條件用問句而非直述句表達，會讓你感覺「柔軟」，不會像個擁有鐵石心腸的談判者。談判理論裡有個非常有用的原則，即唯有在對方也讓步時，自己才可讓步，不然會很容易被佔便宜。條件問題完美體現了這個原則：一部分詢問對方願不願意讓步，一部分表達自己願意做出讓步。

比方說有位客戶聘用我幫他撰寫演講稿，並希望在短短幾天內完成，那我就會要求較高的酬勞。你主管請你今天加班把某項工作完成，那你可以提出以下條件問題：「如果我今天加班，明天可以早一點下班嗎？」這類問題的優點是，給予對方接受或不接受的自由。如果你跟主管說：「如果我今天加班，那明天就要早一點下班！」對主管而言，這句話可能就聽起來太強硬了。如果是用問句表達，要不要接受，還是主管說了算，只是你當然還是應該立場堅定，若明天沒辦法，至少下星期要把超時工作沒休息到的時間補回來。

【優點】向對方提出一個或多個條件問題，能迅速得知哪種方案是他能接受的，又不用自己給出明確的答覆。這種問題最棒的地方在於，你會得到資訊，但不代表你必須立刻表示贊同。

【特別注意】我無意講太多談判理論，但小小提一下：大部分談判學者都建議多準備一些條件和方案，並從對自己最有利的開始。萬一被拒絕，再嘗試第二有利的。[96]

提問類型13：視角問題

如果你曾經參加過一對一教練課程，那教練就極有可能向你提出視角問題（也稱為環狀問題），以快速認識你。透過向某人提出視角問題，邀請他用另一人的視角看待某一情況。

如果對話夥伴緊咬他自己的觀點不放，一步都不肯退讓，這類問題就格外有效。透過向他提出視角問題，要求他設身處地為他人著想，如此會比較容易讓他稍微放下對自身觀點的堅持。切換視角，往往能使人睜開雙眼、更容易接受不同觀點。另外，透過視角問題，也能馬上得知對方是如何評價其他相關人士、如何看待他們的感受。

舉個例子：假設多年來跟你共用一間辦公室的同事突然開始玩起金屬球。金屬球咔啦咔啦的聲音很干擾人，害你無法專心工作。整整兩天的時間，你都希望他把金屬球留在家裡，但第三天他還是在工作時間玩。你想說服他停止，不過該如何著手呢？當然你可以跟他說金屬球干擾到你，請他等你不在辦公室時再玩。不過有一種更委婉的方法：你可以向他提出視角問題，讓他感受看看你的處境：「工作時聽到你玩金屬球咔啦咔啦的聲音，你知道我是什麼感覺嗎？」聽到這個問題，他會設身處地地去思考你描述的情境，然後給出可預料的回答：「好吧，那個咔啦咔啦聲可能會打擾到你。」此時你會附和他的話，並跟他解釋這就是你必須提及此事的原因。透過視角問題體會你的處境，現在他對你的請求就有了更多理解和同理心。

【優點】在衝突情況裡，這類問題特別能使對方理解其他觀點、更具同理心。鼓勵對方除了自身角度以外，也從他人的角度思考，因此提高了解決衝突的機會。

【特別注意】跟動機型問題類似，提出視角問題時，聲音語調也是關鍵。如果用責備語氣講後面那句話（「……，你知道我是什麼感覺嗎？」），甚至可能讓衝突加劇，所以建議用平靜、好奇的語氣提問。

提問類型14：蘇格拉底式問題

我們已經在第二支柱章節提過蘇格拉底式問題，現在是時候詳細介紹這位著名古希臘哲學家的提問方法。蘇格拉底式問題的內容是什麼呢？

根據柏拉圖的紀錄，跟蘇格拉底對話的人，都認為自己是智者。但在討論過程中，蘇格拉底卻能使他們逐步明瞭事理，或使他們承認自己的無知。他是怎麼做的？他透過向對方提出聰明的問題，發現不連貫、矛盾和無知之處，讓對方自己了解自己的觀點是錯的。

這就是蘇格拉底反問法的特別之處：蘇格拉底不教導，而是透過提問，讓對方自己發現自己的錯誤。蘇格拉底稱此方法為思維的「催生」法。他透過提問幫助世人「生出」正確思維[97]，捨棄錯誤。蘇格拉底式問提大致分為三類，可依時間先後依序分為三階段使用：

階段一：詢問定義與看法（定義問題與看法問題）

階段二：詢問對方提的定義與看法，以了解具體內容（具體化問題）

階段三：討論對方整段話裡的矛盾、不連貫之處（反駁型問題）

接著，這也可稱為第四階段，對方必須提出新的定義，或承認自己的無知。若是前者，就是從頭開始。若是後者，對方就會承認自己的無知與矛盾，知道必須修正自己的定義和想法。畢竟蘇格拉底就是想讓人意識到自己其實是無知的，就像他一樣。因此有句蘇格拉底名言也說：我知道我什麼都不知道[98]。

到這裡聽起來有點抽象、有點哲學，我想用一個發生在我教練課中的簡單例子來說明。一位客戶，我們叫老塞巴提安，面臨極大的問題。三十五歲的他，不敢在大眾面前演講。我大略了解他的問題後，首先向他提出定義問題：「在大眾面前發表演說，對你來說似乎是不可能的任務，這句話確切的意思是什麼？」接著他將自己定義為「害羞」、「內向」以及「徹底畏懼人群」。

第二，我提出具體化問題，如「您曾經在學校做過口頭報告嗎？」和「您曾經向客戶做過簡報嗎？」不出所料，塞巴提安兩個問題都回答有。他曾經在全班面前做過很多次口頭報告——只是好不容易才勉強完成。身為顧問的他，也曾經在與客戶開會時（在兩到三位客戶面前）做過簡報。第三，你已經猜到，接著我向他提出反駁型問題，如「如果您已經於學校和工作場合在大眾面前發表過那麼多次演說，它對您而言會是不可能的事嗎？」，還有「您這不是把不可能跟強烈不舒服的感受搞混了嗎？」

塞巴提安是個明理的人。他很快就發現自己說法裡的矛盾，承認在大眾面前說話對他而言並非「不可能」，過去他的確辦到過——雖然過程不是特別愉快。在我和他的對話裡，透過蘇格拉底式問題，從認為自己不可能在大眾前說話，到發現自己只是會覺得很不舒服，在實務上會造成巨大差別。若是對話前的那個心態，他看到所有報告就馬上自動跑開。而對話後，他明白，在少少人面前報告，雖然感覺很不舒服，但還是辦得到。

之後：我邀請一位同事過來，塞巴提安要為我們兩個做簡報。接著我叫第二位同事來，塞巴提安就在三個人面前講話。我問他下次是否會嘗試在四個人面前簡報？他露出自信地笑容答應了。

從這個例子很快可以看出，人有時會提出不符合現實的定義。我們的任務就是去了解、具體化這項定義，並溫和地用問題反駁它。反駁型問題應該要讓對方覺得是自己得出答案。自己得出的答案，會比外人講的，更快被接受。

【優點】蘇格拉底式問題最大的優點是，它不會給人講大道理的感覺。我們是想理解對方的價值觀、找出當中不合邏輯之處，不是要把自己的價值觀強加於對方身上。如果某個人想強迫我們接受他的觀念，我們很快就會察覺。而沒人想聽大道理，或被當成小孩對待。但由於在提出蘇格拉底問題時完全不會講到我們的觀點，就可以徹底避免對方產生被教導或當成小孩子的感受。

【特別注意】使用此方法時要特別注意什麼，蘇格拉底自己提出了一個有趣的看法，跟選擇對話夥伴有關。不是任何人他都願意「催生」，只有那些他認為可能產生寶貴想法的人[99]。換句話說：想讓所有人都有所領悟是不可能的，唯有那些準備妥當的人才有辦法。比方說如果某人對自己的觀點深信不疑，那連蘇格拉底式問題也幫不了他。

前述例子裡，塞巴提安只是表面上看起來堅信自己無法在大眾面前說話而已。為什麼只是表面上看起來？如果他真的覺得在大眾面前說話是不可能的事，他就不會來找我這個教練，也不會相信我能幫他。他潛意識裡覺得自己辦得到，只是需要專業的協助。

當然了，在實際操作上，正確評估某人是否能接受新論點，是件極其困難的事。但我們可以謹記在心：不是每個人都值得說服。感謝睿智的蘇格拉底讓我們了解到這點[100]。

提問類型15&16：蒐集型和過濾型問題

在某些情況裡，特別是商業活動，我們必須迅速了解對方想要什麼。例如銷售人員必須迅速知道潛在買家對什麼感興趣。或者教練：他要迅速了解客戶希望什麼。而律師則必須迅速弄清楚委託人在意什麼。想達成此目標，蒐集型和過濾型問題的組合最為合適。我定期會在第一次開會時，問我的教練客戶這個蒐集型問題：「您希望在教練諮詢裡討論哪些內容？」他說了幾點以後，我再問一次是否還有想到別的要加進來。在客戶告訴我八項希望討論的內容之後，我就有了一張願望清單。這是第一步。

第二步，我想要知道對客戶而言，這八項裡頭的哪幾項特別重要，於是接著提出這個過濾型問題：「哪三點對您來說特別重要？我們應該先從哪一點開始？」我藉著過濾型問題，過濾出對客戶來說最重要的內容，只消幾分鐘時間就知道他最在意什麼。主管人員也能在部門會議中迅速找出困擾團隊的問題，哪個問題又是團隊認為最需要優先處理的。

而在生活中，比如情侶兩人還不太了解彼此，在安排假期時，就可以利用這兩個問題迅速知道對方希望和在意的事。

【優點】尤其對方如果是不認識的人，提出這兩個問題，就可以在短時間內取得寶貴資訊。而由於人一般來說都喜歡講自己的願望和目標，這兩種提問也不會顯得像在探聽隱私。對方反而會很高興你對他在意的事感興趣。

【特別注意】蒐集型問題不能只提一次，而是要稍微更動形式後重複一到兩次。因為人沒辦法馬上知道內心蘊藏著多少願望，所以建議詢問對方：「還有嗎？」或「您還有其他要補充嗎？」而當然，對方安靜思考時，我們就應該停止說話，不然會打斷他思考，透露給我們的資訊就不會那麼多。

提問類型17&18：感受和想法問題

感受和想法這兩種問題，我喜歡將他們稱為同理心問題，意指設身處地去感受、理解對方。感受問題當然最適合用在感性的人身上，也就是黃型人和綠型人。這兩類人主要用情感來感受世界，也喜歡談論情感。典型的問法：「你在那個當下有什麼感覺？」若你在對話中察覺到對方情緒突然激動了起來，並希望他表達出來，這種問題也非常適合。

想法問題則適合用於理性的人，即藍型人和紅型人，因為他們喜歡思考，不喜歡跟別人分享自身情緒。典型問法：「你當下有什麼想法？」同樣道理，如果你在對話中察覺到對方情緒突然開始激動，那就應該直接詢問他對於討論內容的想法。

針對此點，我經常在工作坊上被問到：「但如果我不知道對方是感性還是理性的人怎麼辦？」這是個好問題！特別如果跟對方是第一次見面，就很難快速、正確地評估對方是哪類人。我們也沒辦法在對話前遞給對方性格測驗，然後半小時之後再回來。這方法雖然有效，但當然不可能這麼做。那該怎麼辦？我建議將兩種問題聰明地結合起來，可稱為理性——感性問題。例如：「你那時主要想到哪些事？你在意什麼？」

推測型問題與這兩種問題類似，意即我們推測對方的感受或想法。我會建議，如果對方幾乎沒有回答你詢問想法或感受的問題，就可以使用推測型問題。若推測是錯的，對方一般會糾正。若是對的，他則會確認。不管哪種你都能獲得更多資訊。

【優點】同理心的前提是了解對方的想法和情緒，而這兩類同理型提問可讓我們能夠了解對話夥伴的想法和情緒。不過，想提出這兩種問題，跟對方之間應該要有某種程度的信任，才不會顯得踰越。

【特別注意】如前所述，應該針對理性人或感性人分別使用不同的問法，小心不要向理性人提出感性問題，反之亦然。

提問類型19＆20：驚訝問題和沈默問題

誰說問題就必須複雜冗長？驚訝提問大多很簡短。例如：「真假？」和「你說真的嗎？」若激動、強調地表達，這簡短的問題通常會讓你得到更多資訊。而誰說問題就必須要有言語？沈默問題是驚訝問題的進階版，不說話，只疑惑地看著對方、挑眉、張開手臂，然後等待。

【優點】這兩種問題在生活中尤其常見，朋友和親近的人都很習慣聽到，所以他們會給出詳細的答覆，讓我們得以取得寶貴的資訊，進而更理解對方。

【特別注意】如果對話雙方之間距離較遠、互動不熱絡，那麼這種富含情緒、幾乎只適用於朋友之間的問題當然就不恰當。但只要兩人對彼此有好感、關係親近，就可以提出驚訝問題，邀請對方詳細解釋。

提問類型21至33：其他適用於日常生活的實用問題

接下來我想簡短介紹另外十三種提問類型。礙於篇幅，我不會詳述，但這些提問類型都很快就能概括要點。

提問類型21：行動問題

如果跟對方已經取得共識，那就會想盡快付諸實行。因為大家都知道，協議是達成了沒錯，但付諸行動才通常是我們最在乎的。行動問題你可以（最好在對話尾聲）這樣問：「那現在我們要怎麼做？」提出行動問題的優點在於，對方也許會想到我們自己完全沒想到的執行方式。無論如何，這種問題都能激勵對方付諸行動。

提問類型22：預測問題

想知道對方如何評估未來的發展，可以向他提出預測問題。比如一個常見的預測問題如下：「您預期此領域的發展為何？」這問題在商業領域尤其有趣，因為每個人對現狀都有不同解讀，個性樂觀、實際或悲觀的人，對同一現狀也會分別做出完全不同的預測。這同樣也能拓展我們的視野。在你反駁對方的預測以前，我建議先提一個具體化問題，詢問他為什麼會做出這樣的預測。而每個人對未來的看法大相逕庭，因此別總想反駁別人。重點在於理解，不在誰對誰錯。

提問類型23：轉移問題

如果在對話過程中不想繼續討論某個話題，但又不想太唐突，那就很適合提出轉移問題。典型的例子是：「由於您對主題X有很多批評，那您對主題Y也同樣持拒絕立場嗎？」無論對方回答是或不是，你都能開啟新話題——而且轉得很順。這就是這種問題的優點。若對方回答不是，並糾正你（人都很喜歡糾正別人！），說他對主題Y的想法跟你講的完全不一樣，那你就可以向他提出具體化問題，繼續討論新主題，把舊主題拋諸腦後。

提問類型24：知識問題

我們對這種提問類型的認識，當然是來自學校的知識問題。老師向我們提出知識問題，測試我們的學習成果。而在生活中提知識問題必須謹慎，因為大人也跟學生一樣，不喜歡承認自己的無知。不過有時我們就是必須知道對方對某件事的認識程度。比方說，身為主管的你想知道應徵者的能力，向他知識問題就是很棒的方法。與其問他有什麼優點和缺點（應徵者通常已經在家模擬過一個好聽的答案），何不提個專業領域的問題？如果對方說自己是專攻專利法和商標法的律師，那何不問他德國聯邦專利法院的最新判例？

連對同事和客戶，知識問題有時也是不可或缺，因為必須知道對方對某事的認識程度，以隨之調整我們的論述。例如我的修辭教練課裡，有人想提升口才，問我最快的方法是什麼。我就會問他認識哪些修辭法。如果他跟我說他從來沒聽過「修辭法」這個概念，那我就知道他才剛踏入這個領域，會選適合的內容來講。相反的，若對方回答說，他最喜歡的修辭法是對照排比，那我就知道他至少理論上是個「口才專家」，我可以用專業術語和古典文學中的例子來處理他的問題。在提知識問題時，當然必須避免像在教導對方的口吻，畢竟你不想讓自己顯得自以為是，因此，一定要注意維持好奇、親切的語氣。

提問類型25：選擇性問題

我們已經在提問技巧章節的開頭認識過選擇性問題，那時說它是半開放式問題。其指的是，提供對話夥伴幾個選項讓他選擇。想讓對方做出決定，選擇性問題非常適合。典型的問法是：「比較想要A還是B？」

要注意，這種提問必須等到對話接近尾聲時再提出。為什麼？非常簡單：唯有先了解對方想要和在意的事，才能提出他真的會列入考慮的選項。比方說一位耶和華見證人的傳教士突然在街上跟你攀談，問你想閱讀舊約聖經還是新約聖經，如果你是無神論者或擁有其他信仰的人，你就應該兩個選項都不會接受。若事先知道對方的需求，就能用選擇性問題提出合適的選項。

提問類型26：嵌入式問題

想鼓勵對方表達意見，可以直接提出意見問題：「您對X的看法為何？」但若因為意見問題可能給人過於直接、想打聽別人底細的感受，所以不想用這種形式，那就可以把它嵌進直述句裡。雖然從文法上來看，它並非問句，但效果跟問句是一樣的。

舉個例子：「我想知道您對穆勒先生那件事的看法——但我覺得穆勒先生不該那麼做。」你透過這句話，間接要求對方針對穆勒先生昨天發生的事表態。你已經傳達了你的看法，對方可以隨之作出反應，這就是這種問題如此有效的原因。尤其有點缺乏自信的人在表達意見之前，會想先知道你對某件事的立場為何。相較於主動出擊，他們比較喜歡被動地作出反應。嵌入式問題就格外適合這種人。

提問類型27：效益問題

人是利益導向的動物。若你還記得十大技巧那章的SEXIER模型，「說服」這件事，除了為主張提出理由外，還必須說明具體好處或壞處，讓對方願意付諸行動或表達意見。但很常發生的情況是，對方雖然詳細說明了為什麼他是對的，但卻忘了SEXIER模型裡的關聯性元素，沒提到你能從中獲得什麼益處。效益問題就是為了處理這個情況。你可以向對方提出效益問題，要求他告訴你他的論點對你有何意義，例如你可以問：「這具體會為我帶來什麼？」無論如何我都會將「具體」一詞嵌進效益問題裡，因為其能讓對方知道，他必須告訴我具體的影響，不能只是抽象敘述。

提問類型28：量表化問題

有時我們會想知道某件事之於對話夥伴的關聯性或強烈程度。如果只問某件事對他有多重要，他可能會給我們「相當重要」這樣模糊不清的答案。量表化問題的優點是能從他身上得到明確一點的回答。

可以採用這種問法：「用一到十來表示，十代表最重要，請問這件事對您而言有多重要？」當然了，每個量表都是主觀的，數字「九」代表什麼，也沒有明確定義。然而這個「九」，就比「對我相當重要」這句話來得精準。尤其如果我們詢問很多面向，有了這些數值，就更容易互相比較。

提問類型29：系列問題

通常只能向對方提一個簡明扼要的問題（馬上會在提問的五大常見錯誤那裡詳細討論），但生活中還是會出現一些必須把幾個問題結合在一起的例外情況。例如眼前跟我們交談的這個人話奇多無比，在他告一段落，繼續進行下一段十分鐘的獨白之前，只有短暫空隙可以提問，這時就應該立刻把握機會連續提出好幾個問題，比方說像這樣：「您想解決哪個問題？什麼時候會解決？解決方式為何？」

系列問題的優點是它可以稍稍轉移正在滔滔不絕的對方，讓他有回答的機會，而不是繼續談上帝、談世界，說個沒完。對了，如果在大型活動上可以問「明星」一些問題，也是另一個適合使用系列問題的情況。我指的是你可以向巴菲特或梅克爾或你心中的名人提一個問題，機會絕無僅有。這種時候我也會建議使用系列問題。也許你很幸運，明星甚至回答你系列問題的其中好幾個。

提問類型30：挑釁問題

有些對話夥伴完全不動如山，合情合理的問題對他一點用都沒有，得不到任何資訊。挑釁問題相當接近操控術，因此應該只在緊急情況使用——當你無法靠一般問題取得進展，但又一定需要對方做出反應的時候。

假設一位朋友幾年來都只領最低工資，雖然他全心全意為工作奉獻。你試了上述幾種類型的問題，但他都沒什麼反應。為了讓他開口說話，你可以問：「你到底還想讓你老闆剝削多久？」

他針對這個挑釁問題做出反應的可能性相當高，因為這個問題可能觸碰到他的某條神經，畢竟沒人喜歡被剝削。當然了，挑釁也不應該太過頭，而且也需要仔細拿捏，才能在正確的情況下選用正確的話語。如果你不確定辦不辦得到，我會勸你不要使用這類問題。唯有確定對方不會中斷對話時，才建議使用。

提問類型31：反問

在真誠說服他人的範疇裡，反問通常是禁忌，畢竟我們不希望像操控者一樣敷衍對方，或去迎合對方的看法。然而有個情況例外。討論過程中，一定可能發生對方（也許非故意）攻擊你或甚至侮辱你的情形。尤其當氣氛愈來愈火爆，有時人會失控，忘了基本溝通原則「堅定對事，柔和對人」。若對方做出言語攻擊，該怎麼辦？最聰明的方法就是反問他：「你怎麼會有這種想法？」

反問最棒的地方在於讓對方有機會收回他說的話。人通常會把握這最後一次機會，為不恰當的言語道歉（這稱為情況1）或至少解釋一下為什麼他會這麼說（這稱為情況2）。若是情況1，就應該要接受對方的道歉，因為每個人都可能說錯話。若是情況2，那你就要跟對方釐清希望的溝通方式，必要時也友善但堅定地請對方給予你更多尊重，並且就事論事。

反問是個極其有效的技巧。我們往往在聽到言語攻擊後，會一時之間說不出話來，等兩個小時後才想到好答覆，那你可以把前面的問法記起來。也可這樣反問：「為什麼你會這麼說？」

反問的優點是它適用於任何情況——與客戶、主管以及家庭成員。因為家人也可能說錯話或態度不佳。如果我們不必容忍對方的攻擊，或不用因對方攻擊而使自己說不出話，那會是很棒的一件事。

提問類型32：交還問題

你一定曾經在會議上聽過以下問題：「我想把這個問題交還給團隊：你們有什麼想法？」會這樣說，通常是自己不知道答案，希望有人能幫他回答。這件事已經是公開的秘密。但在真誠說服他人的框架下，我們並不想在一無所知的情況下還安全登場[101]。承認自己的無知，對自信的人來說完全不是問題。沒有人是無所不知的，而且能承認自己無知的人，甚至更討人喜歡。

然而在某些情況下，提出反問是極有道理的舉動。假設你是企業高層，有位員工在每週例會上提了一個重要問題。假設你馬上就想到一個好答案，但即使如此，還是可以先把問題交還給全體與會人員，先不要自己回答。因為或許有人有比你更好的建議。若是如此，你同樣可以真誠地對他表示稱讚。或者如果你是老師或教練：給學生和參加學員表現的機會，不要急著回答問題，會議和課堂會因此變得更有趣。

提問類型33：（難以回答的）棘手問題（葛麗卿問題）

最後一類問題出自我最喜歡的書，歌德的《浮士德Ⅰ》。假如你還沒看過《浮士德》，我強烈推薦你去讀。總之當中一位名叫葛麗卿的角色向主角浮士德（他與魔鬼做交易）提出以下問題：「說吧，你對宗教怎麼看？」[102]

在戲劇情節裡，這是一句關鍵問題，這也是為什麼葛麗卿問題這個概念現在專指為了得知問題本質或關鍵而提出的問題。不是每段對話都會出現葛麗卿問題，但在某些重要對話裡，你會想知道對方的基本立場。那麼你就可以模仿葛麗卿提問的方式。例如詢問對方的政治立場、人生意義、性方面的事以及其他類似的原則性人生問題，都屬於聚焦於觀念的葛麗卿問題。當我們懷疑對方的說詞（可能因為與其行為不符），就可以向他提出葛麗卿問題。可想而知，葛麗卿問題對方聽了通常會覺得不舒服，因為他必須向我們坦露自己的態度。而當然，若對方沒有答案，那也是一種答案。

我建議每個打算進行重要對話的人都仔細思考葛麗卿問題：對話裡的什麼東西對你而言是關鍵？你最在意什麼？你想從對方身上得到關於什麼事情的明確回答？當你為自己提出葛麗卿問題，並明確想過答案以後，它就會向北極星一樣指引你通往希望的對話結果。而且若對方像浮士德一樣一開始在回答時支支吾吾，你就應該像葛麗卿一樣頑強，把問題再提第二次、第三次。然而如前所述：不回答或不明確回答，就是一種回答。

提問時的四大常見錯誤

最嚴重的錯誤莫過於不覺得自己有任何錯誤。

——湯瑪斯・卡萊爾（Thomas Carlyle）

做什麼事都有犯錯的可能，提問也不例外。然而如果認識這些錯誤，並意識到可能發生這些錯誤，錯誤其實就很容易避免。那麼四大常見錯誤是什麼呢？

提問陷阱1：像在審問對方

前面我們已經說過，若提太多問題，會讓對方覺得像在審問。他會感覺不舒服，跟我們分享的資訊也愈來愈少。但如果對方真的指責你問太多，該怎麼辦？

在真誠說服他人的範疇裡，希望的是理解對方、做出適當的反應，並且提出有同理心的論點。但假如不小心提問得太用力、對方指責我們問太多時，可以向對方道歉，並解釋我們只是好奇他的看法。而願不願意繼續接受提問，抑或結束談話，當然就是對方說了算。我自己的經驗是，真誠的道歉會使奇蹟出現，對方會繼續跟我們對話。

提問陷阱2：給出過多資訊

有些提問者提問時，自己先講了太多話，要等幾分鐘之後，問題才會出現。他們大多是有強烈傾訴慾望的人。不過很清楚的是：提問前講愈多話，對方會愈困惑，因為他不知道到底要對什麼做出反應，也不知道問題是什麼。前面我們已經認識了提供理由型問題，即在問題的開頭，可以預先給對方一些資訊。但這應該盡可能簡短扼要。

過去我參加辯論比賽時，在過程中提出好問題可以加分。隊友和我都知道，我們不僅要提出好問題，還要提出超級好的問題，評審才會注意到。而且按照規定，我們只能用十五秒時間陳述問題。所以我們是怎麼做的？我們其中一人把自己的問題寫在紙條上，另一位隊友則針對這個問題進行補充、擴展、縮減和改進。只有在構思好「完美」問題之後，才會向敵隊提出。或許你不會參加辯論比賽，不過由這個例子可以看出，仔細思考問題、把它寫下來，並限制提問時間，會很有幫助。如此一來，問題才能完全發揮效果。

提問陷阱3：提問的內容模糊不清

語言有許多模糊之處。而提出模糊問題的人，就有得到錯誤答案的危險。最近我才剛在課程上被一位參加學員問到：「家人對你有多重要？」聽到問題以後，我用典型的法律語言來回答，即：這就要看你的家人是指什麼。父母、祖父母算家人，還是叔叔、阿姨、表、堂兄弟之類的，通通都算家人？依家人這個概念定義的不同，我的答案也會有所不同。聽到這麼長的答覆之後，提問者瞠目結舌，承認她的問題不太精確。我們可以從這個例子中學到：若某個概念有很多種涵義，提問時就應該更明確定義，使得到的答案也能更準確。

提問陷阱4：過度要求對方的信任

德國人對個人隱私的強烈保護需求舉世聞名，跟世界上其他國家相比，許多事情在德國被視為「隱私」。即使對話感覺很親密，還是必須注意不要提過於私人的問題，讓對方感到退卻。眾所皆知，宗教、性、政治和薪水等禁忌話題都盡量不要談到。雖然這些話題非常有趣，也會透露很多關於對方的事，不過就算我們很好奇，還是必須尊重隱私。保險起見，我建議，只有當禁忌問題是由對方提起時，才可以問相關問題。

促進自我發展的五大寶貴問題

一個人若永遠只做自己已經會的事，就永遠只能原地踏步。

——亨利・福特

第三支柱的最後，我想簡短講一下提問對於自我發展的力量。這本書雖然是說服指南，不是人生指南，但我還是忍不住想向你介紹可以提升生活品質的五個提問。正確的提問，能夠使你踏上正確的人生道路，也能幫助你找到重心。

重大人生問題1：不要在生氣的時候提問

我們每天都在為小事生氣，而幾乎每個人都希望不要有那麼多負面情緒。不過要如何才能不為生活中雞毛蒜皮的事生氣呢？我建議你問自己以下問題：「一年後我還會為這件事生氣嗎？」

若你回答不會，那現在也就不需要再繼續生氣了。這聽起來很容易，在很多情況下對我個人幫助很大。不久前我野心勃勃地走上業餘棋手之路，每當比賽輸了，我就會非常生氣。不過後來我問了自己這個有智慧的問題，從此之後我就不再為失敗生氣了。或許你不會為了下棋發火，但一定會為了其他小事。可以找幾天試試看這個問題，也許也能讓你少發一點火。

重大人生問題2：關於生產力的提問

許多人會希望能將時間管理做得更好，進而提高生產力。然而有時還是連待辦清單都無法完成，把某些事拖了好幾個禮拜。這並不是令人滿意的狀態。除此之外，我們通常也不知道哪件事是真正重要的，哪些事又可以放心刪掉。以下這句生產力問題能有所幫助：「一年後我還會從哪件事獲益？」

我們每天在做的很多事都沒有長期效應，但也有些帶給我們長遠的好處，讓我們離目標愈來愈近。我們就應該專注在這些事情上。這裡我也提供你一個我個人的例子：幾年來我規定自己每天至少要閱讀半小時的專業書籍，以拓展知識。而漸漸地也愈來愈多人報名我的工作坊，有時覺得太累，沒辦法再拿起書來看。不過我就是覺得持續進修很好玩。一年後（或甚至十年後），我還是會從持續閱讀、持續學習中獲得最多益處，所以我決定縮減工作坊和教練課程的數量，好讓自己每天有足夠的時間和精力進修。從現在開始，你想多花點時間做哪些你未來還能從中獲益的事呢？

重大人生問題3：重新設定你的框架

眼前有半杯水，你會覺得它是半滿還是半空？最近我一位物理學家好朋友跟我說：杯子永遠都是滿的：一半是水，一半是空氣！自然科學家說的當然沒錯。不過用新的框架來面對眼前的事實，到底是什麼意思？

因為工作關係，我常搭德國國鐵。每當火車誤點或取消，大多數人都會生氣。餐廳裡沒有想要的菜，大多數人也會生氣。但一定要這樣嗎？如果前面提到的不要生氣問題對你沒效，那就試試這個重設框架問題：「發生這件事有什麼好處？」

比方說，火車誤點了，你就有更多時間看書或聽Podcast。你最喜歡的餐點沒了，你可以嘗試新的餐點，換換口味，也許甚至還會發現新的最愛。放假時下雨了，你可以和愛人在旅館房間裡聊很久的天，三個小時完全不受大海、海浪以及正在尖叫的小孩打擾。正面的框架永遠找得到——只要你有心去找。

重大人生問題4：自我改善的提問

基本上我們到了一天的最後，都很清楚自己哪裡可以做得更好，其實不需要教練、心理學家和人生顧問提醒。幾年前我開始了一個新習慣，即每天一天結束時，我都（以書面形式）回答以下自我改善問題：「我今天有哪裡可以做得更好？」

提問之後，有時必須思考幾分鐘，讓一整天的行程在腦中跑過一遍。而如果有想到什麼，那就是很寶貴的資訊，因為未來就必須格外注意。幾年前我剛開始每天向自己提這個問題時，我發現我太常在工作時間偷看電子郵件。接下來幾天，我的答案都一樣：「太常檢查電子郵件。」但神奇的是，從某個時候開始，我就覺得永遠都說一樣的答案實在是太蠢了，所以就決定一天只看兩次郵件。透過這個問題，我還轉變了我的其他習慣，看電子郵件僅是其中一例。不過我不想用個人的例子讓你感到無聊，而是想鼓勵你挑個幾天時間試試看這種問題（最好用書面形式），也許它也會說服你把某些事做得比前一天更好。

重大人生問題5：每天的快樂提問

許多人會把快樂往後推遲：等結業以後、升遷以後、退休以後。但人生稍縱即逝，我們無一倖免，因此最好今天就開始思考。幾年前我開始每天晚上都問自己：「什麼事會讓我明天感到快樂？」

因此，我每天都能專注在那些小小的快樂時刻，大腦也持續在搜尋新的好答案。尋找這個問題的答案，就已經讓我更快樂了一點，因為大家都知道，期待的快樂是最大的快樂。沒有每天問自己這個問題的人（我在我大部分的人生裡也算這種人），都忘了快樂掌握在自己手中，每天只是不斷地在完成任務而已。如果是你，我也會挑幾天時間給這個問題一次機會。也許它同樣會讓你快樂一些。

結語 如何持續精進自己？

有追求，就難免有失誤。

——歌德，《浮士德》

現在你認識了說服（潔白說話術）的三大支柱，包括五個論證層級、十個傾聽層級以及三十三個有效的提問類型。接下來呢？頂尖運動員持續鍛鍊，頂尖音樂家持續練習，而頂尖溝通者也是同樣道理：他們把每場對話都視為溝通訓練場。如果想持續訓練修辭，可以怎麼做？最後我想給你四個實用建議：

第一，每次進行重要對話之前，都依據SEXIER模型建構論點——若對話非常重要，那就依據十二模組模型。最好用筆寫下來。你可以馬上從十五個範例中選一個出來練習。如果做得特別好，我很樂意把你的內容具名貼在我的部落格上。如果你想，可以把你的論證寄到blog@argumentorik.com給我。

第二，現在你已經知道了傾聽的十個層級。多用真誠的態度聽對方說話，並在對話過程中記下對方說的話，這樣能確保自己對對方的說話內容保持專注。這個新的紀錄習慣可以在傾聽過程中發揮奇蹟般的效果。

第三，每次進行重要對話前，至少想三個你一定會向對方提出的聰明問題。這些問題能讓你更理解對方的觀念與見解，也能更快接近你的目標。除了從三十三種問題類型裡挑選以外，還要事先把它們記下來，避免一急就忘了。

第四，在podcast.argumentotil.com上聽聽看我的免費Podcast「說服他人」。我每個星期都會深入探討說服與操控理論，也會和一流人士對談。他們會成功，都是拜他們的說服能力所賜。若有機會，也可以訂閱其他你有興趣的主題Podcast，讓全世界許許多多的專家們啟發你的靈感。

有了這四項實用技巧，你就能將「說服」這件事掌握在自己手中。當然了，不是每次都能順利找到最佳論點、有同理心地傾聽或提出最聰明的問題，有時也會弄錯、犯錯、造成誤解。但愈符合潔白說話術的原則，成功說服別人的次數就會愈多。說服理論你已經知道了，現在就要靠你把它運用在日常生活中了。

註 釋

Anmerkungen

1 Kahnemann, Daniel: Schnelles Denken, Langsames Denken, Penguin Ver- lag (2016), ab S. 31.
2 尼采這句名言在原文中還有有趣的後續：「一個人知道自己為什麼而活，就可以忍受任何一種生活。人並非總是追求幸福，只有英國人才熱衷於追求幸福。」出自：尼采《偶像的黃昏》，格言與箭，§12。這裡的英國人指的是著名英國哲學家彌爾和邊沁的功利主義，在道德問題和法律問題上，他們主張應追求「最大多數人的最大幸福」。
3 SEXIER 模型為 SEXI 模型的延伸。SEXI 模型在辯論場合中極為普遍，為全球辯手所傳授，提出者不詳。SEXI 模型開啟了我的論證之旅，讓我開始尋找無懈可擊的完美論證模式，在此謹向那位不知名的發明者致上謝意。
4 Arthur Schopenhauer: Über die vierfache Wurzel des Satzes vom zurei- chenden Grunde, Diogenes, S. 121 (1977).
5 Wissenschaftliche Argumente, warum wir nicht unter sieben Stunden und im Idealfall mindestens acht Stunden schlafen sollten, sind in folgen- dem Buch schön zusammengestellt: Matthew Walker: Why We Sleep. Un- locking the Power of Sleep and Dreams, Simon & Schuster (2017).
6 Gottlob Frege: Über Sinn und Bedeutung, in: Zeitschrift für Philosophie und philosophische Kritik, NF 100 (1892), S. 25-50, hier S. 28.
7 早在古羅馬法律裡即存在 auditur et altera pars 準則，意指：也聽取另一方說法。法官做出判決之前，應該聽取雙方說法。同理，優秀的溝通者也會聽取正反兩面論點。
8 四色模型主要以現今廣泛運用於商業領域的 DISG 模型為基礎。威廉・M・馬斯頓於 1928 年提出四種基本性格類型（支配型、主動型、穩健型、認真型），1979 年，約翰・G・蓋亞將馬斯頓的分類發展為人格測驗。市面上還有許多其他提供此類人格測驗的商業服務，例如 Insights MDI，不過其測試結果的有效性受到學界質疑。獨立於心理學理論的討論之外，這裡介紹的四色模型用絕佳方式將不同的人格特質視覺化，使不同性格之間的溝通更容易。順帶一提，我並不喜歡在選擇、培育員工時使用這類以自我評估為基礎的人格測驗，但這又是另一個話題了。
9 Jachtchenko, Wladislaw: Dunkle Rhetorik. Manipuliere, bevor Du mani-puliert wirst, Goldmann, ab S. 285 (2019).
10 Siehe dazu die Studie im Auftrag des Bundesministeriums für Familie, Se- nioren, Frauen und Jugend, erstellt durch Dr. Carsten Wippermann u.a.: Partnerschaft und Ehe – Entscheidungen im Lebensverlauf (2014, 5. Aufl.),
S. 17, auffindbar unter dem Link https://www.bmfsfj.de/blob/94440/ 671bcfbbfe9ee1104122fc759de71b0b/partnerschaft-und-ehe-data.pdf (Zugriff am 01.12.2019).
11 婚姻期間取得較多淨益的配偶一方，須於離婚時與他方分配利益，以達平衡（「淨益平衡」）。照護安養收入同樣適用此規範。另外，婚姻期間配偶之間具有扶養請求權，雙方互負扶養之義務。除此之外，德國民法典裡還有其他規範，包括子女的共同扶養權以及法定繼承額度。
12 Auch hochintelligente Menschen besitzen Ideale, die bei näherem Hin- sehen zumindest aus rein rationaler Perspektive fragwürdig erscheinen. Der zitierte Satz findet sich zum Beispiel im Buch eines der klügsten und erfolgreichsten Investoren des 20. Jahrhunderts Ray Dalio. Siehe dazu: Ray Dalio: Principles, Simon & Schuster, S. 20 (2017).
13 2. Buch Mose, 20:14.
14 1. Buch Mose, 9:7.
15 根據世界衛生組織（WHO）統計，現今約有兩百萬女性的外部生殖器遭到割除，每年更有三百萬人面臨割禮威脅。例如在度假勝地埃及，15 歲到 49 歲之間的女性，就有大約百分之九十受害。詳細數據：https://www.who.int/reproductivehealth/topics/fgm/prevalence/en/ (Zugriff am 01.12.2019).
16 道德客觀主義者基本上可分為義務論和目的論兩派。康德的定言令式即屬於前者。義務論者重視一項行為的價值或義務（不考慮後果）。目的論者則僅依據後果的品質來評價一項行為的道德性，功利主義的彌爾即屬於此類。然而兩派都會去比較不同行為符合道德的程度，判斷哪項行為客觀上較為可取。
17 Mehr kontemporäre Argumente für den moralischen Objektivismus lie- fert das Buch von Sam Harris: The Moral Landscape. How Science can de- termine Human Values, Black Swan (2010).
18 Roger Fisher / William Ury: Getting to Yes. Negotiating an Agreement wit- hout Giving In, Random House (1999), S. 17-40.
19 Wie ein Manipulant die kognitive Verzerrung des Bestätigungsfehlers zur Manipulation ausnutzen kann, beschreibe ich in: Jachtchenko: Dunkle Rhetorik, a.a.O., ab S. 119 (2019).
20 這句話可能出自以下人物：馬克・吐溫、王爾德、叔本華、山謬・約翰遜，但無法查明確切為誰，請見諒。
21 Marcus Tullius Cicero: De Oratore, Reclam (2006), S. 163.
22 Arthur Schopenhauer: Die Kunst, Recht zu behalten (auch bekannt unter dem Titel Eristische Dialektik), Area Verlag (2007), S. 8-12.
23 參見《操控與反操控：德國法律人都在使用的日常修辭邏輯與謬誤偵知》，台北，遠流出版。
24 Ebenda, ab S. 207 (2019).
25 Übersetzung des Autors.
26 Für die manipulative Verwendung von Beispielen und Gegenbeispielen siehe Jachtchenko: Dunkle Rhetorik, a.a.O., ab S. 262 (2019).
27 Georg Büchner: Woyzeck, 1. Szene.
28 Aristoteles: Rhetorik, 1356a.
29 Ebenda.
30 Aristoteles: Rhetorik, 1355b. Aristoteles behandelte ebenfalls logische Trugschlüsse, und zwar sowohl in seinem Buch Rhetorik in Buch 2, Kapi- tel 24, als auch in seinen Sophistischen Widerlegungen.
31 Aristoteles: Rhetorik, 1378a.
32 Aristoteles: Rhetorik, 1378a.
33 Jachtchenko: Dunkle Rhetorik, a.a.O., ab S. 281 (2019).
34 Aristoteles: Rhetorik, 1402b. Die Gelehrten streiten bis heute, wie ein kor- rekter rhetorischer Syllogismus, den Aristoteles »Enthymem« nennt und der sich aus vier Arten von Voraussetzungen bildet (das Wahrscheinliche, das Beispiel, der Beweis und das Indiz), genau aussehen müsste. Die Lite- ratur dazu ist international und unüberschaubar, empfohlen sei aber hier die Übersetzung und Interpretation der Aristotelischen Rhetorik von Christof Rapp im Akademie Verlag (2002), insbesondere Band 2.
35 Aristoteles, Topik I 1, 100a25-27.
36 Aktuell arbeiten Biologen daran, die Zellen in allen Organen zu repro- grammieren und zu reparieren, damit die Organe nicht mehr dem Ver- schleiß und

den damit verbundenen Krankheiten unterliegen. Die aktuel- le Forschung gibt Anlass zur Hoffnung, dass der Organverfall und damit der Tod nur ein temporäres Bioengineering-Problem sind, welches bald gelöst werden wird.

37 Cicero: De Inventione, Artemis & Winkler, S. 103-121. Wie bereits Aristo- teles, so schreibt auch Cicero, dass ein Argument im Alltag aus nur einem Satz bestehen kann (S. 119). Damit wird klar, dass sich Ciceros Argumen- tationsmodell auf Aristoteles stützt – und Letzterer sich beim Eikos-Kon- zept auf den Wahrscheinlichkeitsbeweis von Korax und Teisias bezieht.

38 Stephen Toulmin: The Uses of Argument, Cambridge University Press, hier insbesondere S. 94-145 (1999).

39 Ebenda, S. 105.

40 Übrigens regte sich Platon massiv über Wahrscheinlichkeitsbeweise auf. Er schrieb, dass Redner vor Gericht nur »auf das Wahrscheinliche aus sein [müssten], der Wahrheit aber nicht selten Lebewohl sagen [wür- den]«, aus: Platon: Phaidros, 272d-273a. Natürlich müssen wir Platon recht geben, dass das Wahre dem Wahrscheinlichen vorzuziehen ist. Doch was, wenn wir die Wahrheit nicht kennen? Dann ist das Wahr- scheinliche auf jeden Fall besser als nichts.

41 Stephen Toulmin: The Uses of Argument, a.a.O., S. 255.

42 Aristoteles: Rhetorik, 1356b.

43 Aristoteles: Rhetorik 1355a.

44 Chou, H.T.G. / Edge, N.: »They are happier and having better lives than I am«: The Impact of Using Facebook on Perceptions of Others' Lives, in: Cy- berpsychology, Behavior and Social Networking 15 (2002).

45 Krasnova, H. / Koroleva, K. / Veltri, N. F.: Investigation of the Network Construction Behavior on Social Networking Sites, in: ICIS Proceedings (2010).

46 Smith, R. H. / Kim S. H.: Comprehending Envy, in: Psychological Bulletin 133, 46 (2007). Frei nach dem Motto: Wir sind uns ähnlich, aber er/sie hat X, Y und Z, was ich aber eigentlich auch unbedingt haben möchte!

47 Krasnova, H. / Wenninger, H. / Widjaja, T. / Buxmann, P.: Envy on Face- book: A hidden threat to Users' Life Satisfaction? (2013), abrufbar unter https://www.ara.cat/2013/01/28/855594433.pdf?hash=b775840d43f9f93b7a9031449f809c388f342291 (Zugriff am 01.12.2019).

48 Ebenda, S. 6-12.

49 這裡再說明一次：圖爾敏模式裡的反駁是指例外條件，而在 SEXIER 模型裡則是指詳細反駁可能出現的異議。

50 Aristoteles: Physik, 184a10-21.

51 Jeremy Bentham: An Introduction to the Principles of Morals and Legisla- tion, Gale Ecco (2018), Kap. 1.

52 An dieser Stelle könnte man sich zu Recht fragen, warum beispielsweise psychologische Studien nicht »wissenschaftlich« im Sinne des oben be- schriebenen Grundprinzips sind. Sie werden ja nach wissenschaftlichen Maßstäben und mit Kontrollgruppen durchgeführt und liefern auch quantitative Ergebnisse. Allerdings befindet sich die Psychologie seit Jahrzehnten in einer sogenannten Replikationskrise, wonach wichtige psychologische Ergebnisse nicht repliziert (also mit anderen Probanden bei gleichem Versuchsaufbau wiederholt) werden konnten. Die Open Sci- ence Collaboration stellte fest, dass nur 39 %-68 % der psychologischen Forschungsbefunde repliziert werden können, in: Science Vol. 349, Issue 6251 (2015), DOI: 10.1126/science.aac4716. Auch andere Sozialwissen- schaften sind von der Replikationskrise betroffen, weswegen ich oben nur die Naturwissenschaften als Wissenschaften im engeren Sinn bezeichne, die »echte« Kausalitäten nachweisen können. Soziale Studien können zwar Tendenzen des menschlichen Verhaltens aufzeigen, aber eben nicht zu 100 % das Verhalten von konkreten Individuen vorhersagen. Hingegen lässt sich beispielsweise die Halbwertszeit eines radioaktiven Elements mathematisch exakt berechnen beziehungsweise beweisen.

53 Bereits Aristoteles hat über diese unterschiedlichen Arten der Veran- schaulichung gesprochen, in: Aristoteles: Rhetorik 1393a-1395b.

54 Aristoteles: Rhetorik 1411b-1413b. Dort nennt er neben den bereits gen- nannten Möglichkeiten der Visualisierung auch das Rätsel, die Personifi- kation, das Wortspiel und die Hyperbel, welche im typischen Überzeu-gungsalltag aber weniger anwendbar sein werden als etwa der Vergleich oder die persönliche Story.

55 »Freizeitmonitor 2019« der Stiftung für Zukunftsfragen: abrufbar unter http://www.freizeitmonitor.de/zahlen/daten/statistik/freizeit-aktivitae- ten/2019/die-beliebtesten-freizeitaktivitaeten-der-deutschen/ (Zugriff am 01.12.2019).

56 Börsenverein des Deutschen Buchhandels e.V.: Buch und Buchhandel in Zahlen 2018, abrufbar unter http://www.boersenverein.de/sixcms/media.php/976/Zusammenfassung%20BuBiZ%202018%20f%C3%BCr%20 2017_deutsch_final.pdf (Zugriff am 01.12.2019).

57 »Häufige Gesprächsthemen mit Freunden und Bekannten«, statistische Erhebung durch forsa (2019), abrufbar unter https://de.statista.com/sta- tistik/daten/studie/5224/umfrage/haeufige-gespraechsthemen-mit- freunden-und-bekannten/ (Zugriff am 01.12.2019).

58 An dieser Stelle könnte ein Kritiker einwenden, dass es zwar richtig ist, dass sich die meisten Erwachsenen nicht für Wissenschaften interessieren, dass sie jedoch auch schon als Kinder keine Lust auf Wissenschaften hat- ten. Insoweit sollten wir idealerweise auch Studien anführen, die belegen, dass Kinder sich gemeinhin sehr wohl für Wissenschaften interessieren – dieses Interesse aber durch Schulzwang und die Lernzwangassoziation nach und nach ausgetrieben wird. Hier exemplarisch eine passende Studie zum kindlichen Interesse an Wissenschaft und Technologie von Ayelet Ba- ram-Tsabari und Anat Yarden: Characterizing childrens' s spontaneous in- terests in science and technology, abrufbar unter: https://www.researchgate. net/profile/Ayelet_Baram_Tsabari/publication/228667483_Characteri- zing_childrens%27_spontaneous_interest_in_science_and_technology/ links/0a85e53751f771dda8000000.pdf (Zugriff am 01.12.2019).

59 Aristoteles: Rhetorik 1355a.

60 Eigene Übersetzung.

61 人力資本係指某人於整體工作年資內賺取的所有淨收入。例如一位二十五歲人士平均每月淨收入為三千歐元（未來有 42 年工作年資，每年調薪 1.84%），其人力資本即為一百五十萬歐元左右。若一個人終身學習、持續進修，其人力資本當然就會增加，因此經濟學家才會說投資自我是最有利的投資。

62 Alexander S. Neill: Theorie und Praxis der antiautoritären Erziehung. Das Beispiel Summerhill. Rowohlt (1969).

63 Aristoteles: Metaphysik, Erstes Buch. Der Autor beginnt sein Werk mit dem viel zitierten Satz: »Alle Menschen streben von Natur aus nach Wis- sen.«

64 Das Zitat ist schön, aber höchstwahrscheinlich nicht historisch korrekt. Es wird unter anderem Adlai Stevenson zugeschrieben, der mit diesen Worten John F. Kennedy im Jahr 1960 bei einer Veranstaltung angekün- digt haben soll. Hier geht es mir um die vermittelte Idee und nicht um den wahren Urheber, der

mir bitte meine Unkenntnis über ihn verzeihen mag.

65 Siehe insbesondere das Angebot des Bundesverbands der Freien Alter- nativschulen e.V., abrufbar unter: www.freie-alternativschulen.de (Zu- griff am 01.12.2019).

66 So auch Aristoteles in seiner Ersten Analytik, Erstes Buch, Kapitel 26.

67 Aristoteles: Sophistische Widerlegungen, 165a.

68 Diese schöne Formulierung stammt aus Holm Tetens: Philosophisches Ar- gumentieren. Eine Einführung, Beck Verlag, S. 232 (2004).

69 »Scheidungsquote in Deutschland bis 2018«, Statistisches Bundesamt (2019), abrufbar unter https://de.statista.com/statistik/daten/studie/ 76211/ umfrage/scheidungsquote-von-1960-bis-2008/ (Zugriff am 01.12.2019).

70 Jachtchenko: Dunkle Rhetorik, a.a.O., ab S. 192 (2019).

71 Aristoteles: Topik, 163a-164b. Neben seinem Ratschlag, für das Gegenteil zu argumentieren, gibt Aristoteles auch den Tipp, die Konsequenzen der Pro- und Contra-These zu durchdenken, sich wichtige Begründungen und Definitionen zu merken und nicht in einen »streitsüchtigen und rechtha- berischen Ton« zu verfallen, wenn man mit einer anderen Person übt.

72 Zhuangzi, zitiert nach Marshall B. Rosenberg: Nonviolent Communicati- on. A Language of Life, PuddleDancer Press, S. 91 (2015).

73 Carl R. Rogers / Richard E. Farson: Active Listening, Martino Publishing (2015, zuerst veröffentlicht 1957). Auch andere Autoren unterscheiden zwischen unterschiedlichen Zuhörstufen, wie z.B. die fünf Zuhörstufen des Management-Gurus Stephen Covey (ignorieren – vortäuschen – se- lektiv zuhören – aufmerksam zuhören – empathisch zuhören), siehe Ste- phen R. Covey: The 7 Habits of Highly Effective People. Powerful Lessons in Personal Change, Pocket Books, S. 240f. (2004) oder die 7 Zuhörstufen von Thomas Zweifel (vortäuschen – kontrollieren – projizieren – respek- tieren – einfühlen – erzeugen – Meisterschaft), siehe Thomas D. Zweifel: Communicate or Die – Mit Sprache führen, Springer, S. 75-108 (2015, 2. Auflage.

74 Kahnemann, Daniel: Schnelles Denken, Langsames Denken, a.a.O.

75 Näher dazu: Jachtchenko: Dunkle Rhetorik, a.a.O., S. 87-89 (2019).

76 Covey: 7 Habits of Highly Effective People, a.a.O., S. 240.

77 Heinrich von Kleist: Über die allmähliche Verfertigung der Gedanken beim Reden. Nord und Süd, Band 4 (1878), S. 3-7 (Hervorhebung durch den Autor).

78 Grundlegend dazu: Daniel Goleman: Emotional Intelligence. Why it can matter more than IQ, Bantam (1996).

79 Populär gemacht hat den Begriff der Mikroexpressionen der Anthropo- loge Paul Ekman, lesenswert ist sein Buch: Paul Ekman: Gefühle lesen. Wie Sie Emotionen erkennen und richtig interpretieren, Springer (2007).

80 Jachtchenko: Dunkle Rhetorik, a.a.O., S. 51-59.

81 Rosenberg: Nonviolent Communication, a.a.O., S. 98.

82 Ekman: Gefühle lesen, a.a.O., S. 249 (Hervorhebungen im Original).

83 Siehe Platons Dialog Theaitetos, 148e-150d.

84 Dieser moderne Begriff geht zurück auf: Wilson, N.L.: Substances without Substrata, in: The Review of Metaphysics, Vol. 12, No. 4, S. 521-539. Die Idee hinter diesem Prinzip ist aber wie gesagt schon in der Antike sowie in der Scholastik des Mittelalters bekannt gewesen.

85 Das dazugehörige Verb, was immer mehr Journalisten und Blogger nut- zen ist das steelmanning, welches sich nur schwer ins Deutsche übersetzen lässt. Aber der Gedanke bleibt derselbe: Das Argument des anderen mög- lichst stark darstellen, bevor man es angreift.

86 Carl R. Rogers / Richard E. Farson: Active Listening, a.a.O., S. 19.

87 Ebenda.

88 Rosenberg: Nonviolent Communication, a.a.O., S. 140.

89 此段引文來源不明，但重點在於其傳達的想法。如果不是出自榮格，請見諒。

90 Zu der Geschichte, wie das Konzept der »psychological safety« zu einem wichtigen Organisationskonzept von Teams bei Google wurde, siehe Charles Duhigg: Smarter Faster Better. The Transformative Power of Real Productivity, Anchor Canada, S. 38-70 (2017). Die Idee, dass sich alle Gruppenmitglieder sicher fühlen sollten, um ein gutes Teamergebnis zu produzieren, ist bereits seit den fünfziger Jahren bekannt, siehe Carl R. Rogers / Richard E. Farson: Active Listening, a.a.O., S. 22.

91 Ebenda, S. 60f.

92 Kurt Tucholsky: Ratschläge an einen schlechten Redner, in: Gesammelte Werke, Band III, Rohwolt, S. 600 (1960).

93 Besonders empfehlen kann ich dieses Buch (für den Originaltitel siehe Fußnote 18): Roger Fisher / William Ury / Bruce Patton: Das Harvard- Konzept, Deutsche Verlagsanstalt (2018).

94 Den schönen Begriff habe ich so zuerst in meinem Interview mit dem Philosophen Prof. Julian Nida-Rümelin gehört. Das Interview ist hier ab- rufbar: https://www.youtube.com/watch?v=smz6gWPQD0U (Zugriff am 01.12.2019).

95 Julian Nida-Rümelin nennt dieses subjektive System von Gründen »strukturelle Rationalität«, siehe dazu den gleichnamigen philosophi- schen Essay, erschienen bei Reclam (2001).

96 Mehr zum Thema Verhandeln in diesem Klassiker: Roger Fisher / Wil- liam Ury / Bruce Patton: Das Harvard-Konzept, a.a.O.; ebenfalls empfeh- lenswert ist die konfrontative Verhandlungsmethode im Bestseller des allseits präsenten Präsidenten Donald J. Trump in seinem Buch The Art of the Deal, Ballantine Books (1987), insbesondere S. 45-63.

97 Platon, Theaitetos, 148e-150d.

98 Im Alltag treffen wir häufig die ungenaue Übersetzung »Ich weiß, dass ich nichts weiß«. Dies entspricht aber nicht dem sokratischen Verständnis, dass er zwar auch nicht der Weisheit letzten Schluss kennt, aber eben wei- ser als die anderen ist, weil er sein Nicht-Wissen kennt – während die anderen nicht wissen, dass sie nicht wissen. Vergleiche dazu Platon: Apo- logie des Sokrates, 21d-22a.

99 Platon: Theaitetos, 150a-151b.

100 順帶一提，蘇格拉底反詰法是否確實由蘇格拉底所創，學界仍有爭議，因 這個方法是由蘇格拉底最有名的學生柏拉圖所記錄，蘇格拉底本人並未留下書面文本。有些人推測蘇格拉底反詰法其實是出自柏拉圖。此爭議我無從置喙，因此如有必要，我也向柏拉圖致上謝意。

101 Die Techniken, wie du bei völliger Unwissenheit sicher auftreten kannst, findest du hier: Jachtchenko: Dunkle Rhetorik, a.a.O., ab S. 27.

102 Johann Wolfgang von Goethe: Faust. Der Tragödie erster Teil, Vers 3515ff. Communicate or Die – Mit Sprache führen, Springer, S. 75-108 (2015, 2. Auflage).

歐洲演講比賽冠軍的

德國式邏輯陳述法：使你的發言溫暖、有說服力又受歡迎

Weiße Rhetorik: Überzeugen statt manipulieren

作　　者　賈誠柯 Wladislaw Jachtchenko
譯　　者　廖芳婕
行銷企畫　劉妍伶
編　　輯　陳希林
封面設計　陳文德
內文構成　陳佩娟

發 行 人　王榮文
出版發行　遠流出版事業股份有限公司
地　　址　104005臺北市中山區中山北路1段11號13樓
客服電話　02-2571-0297
傳　　真　02-2571-0197
郵　　撥　0189456-1
著作權顧問　蕭雄淋律師

2024年05月29日 初版五刷
定價 平裝新台幣399元（如有缺頁或破損，請寄回更換）
有著作權・侵害必究 Printed in Taiwan
ISBN　978-957-32-9656-0
遠流博識網　http://www.ylib.com
E-mail: ylib@ylib.com

Original title: Weiße Rhetorik. Überzeugen statt manipulieren by Wladislaw Jachtchenko
© 2021 by Wilhelm Goldmann Verlag,
a division of Penguin Random House Verlagsgruppe GmbH, München, Germany.
Complex Chinese language translation copyright ©2022 by Yuan Liou Publishing. 遠流出版公司
All rights reserved.
圖書館出版品預行編目(CIP)資料

歐洲演講比賽冠軍的德國式邏輯陳述法：使你的發言溫暖、有說服力又受歡迎/賈誠柯(Wladislaw Jachtchenko)著；廖芳婕譯.
-- 初版. -- 臺北市：遠流出版事業股份有限公司, 2022.08
面；　公分

譯自：Weiße Rhetorik. Überzeugen statt manipulieren
ISBN：978-957-32-9656-0　(平裝)

1.CST: 說話藝術 2.CST: 說服

192.32　　111010155